나다운 하루를 지켜가는 일
정재이 에세이

Defining the Meaning of Ordinary Days

JAEI JEUNG

바라지 않았던 모양으로 오늘 하루가 조각됐을지라도,
그 시간들을 지키기 위해 노력한 마음까지
실패로 정의하지 않기를

PROLOGUE
하루를 사는 일에 무슨 의미가 있을까

내가 지킬 수 있는 건 결국 나를 닮은 하루뿐이라는 생각이 들었다. 나보다 10분 일찍 집을 나섰던 엄마가 눈길에 미끄러져 손목 탈골 수술을 받고, 초소를 지키던 70대 아파트 경비원이 이유없이 뭇매를 맞는 등 우리 사회의 작고 큰 사고들이 유난히 무겁게 다가오는 시기를 지나고 있던 때였다.

얘기를 나누다 보면 그 사람의 모든 것이 참으로 '그 사람'이라고 느낄 때가 있다. 표정, 손짓, 몸짓, 어떤 일을 설명할 때 선택하는 단어, 목소리의 높낮이… 신기하게도 모두의 것이 다르다. 비슷할지언정 같지 않다. 동일한 시공간 속에서도 우리는 완벽히 다른 하루를 보낸다. 그 누구의 것보다도 '나'를 가장 닮아 있는. 생각이 여기에 미치자,

혼란스러운 하루가 사랑스러워지기 시작했다. 오로지 나만이 빚어낼 수 있는 모양으로 이야기가 쌓여간다.

그럼에도 나의 하루를 보내는 것마저 내 힘으로 되지 않을 때가 많다. 밖에서든 안에서든, 파도가 일고 불길이 솟으면 모든 것이 그 자리에서 무너진다. 어디에서 무슨 일이 일어날지 모른다. 아무리 거저 얻었다지만 삶을 살아가는 주체로서 내 뜻대로 이를 견인할 수 없다면, 반복되는 이 하루들에는 어떤 의미가 있는 걸까. 순복할 수밖에 없는 상황에 절망하지 않을 방법이 있긴 할지 궁금해진다. 아무리 좋게 이해하려고 해도 상대가 작정하고 무례하게 굴면 적당히 괜찮았던 기분마저 땅으로 꺼진다.

몸을 다치기도 한다. 한번은 평소처럼 고속버스를 타고 집에 돌아가다가 사고를 피하기 위한 버스 기사의 급정거로 일주일 내내 근육통으로 아팠다. 그것은 평화로운 하루의 오점이었다. 진짜 사고가 나지 않아 다행이라고 생각하려 해도, 모든 면에서 나를 괴롭힌 신체적 아픔까지 기분 좋게 받아들이기는 어려웠다. 이런 예측 불가의 상황에서 내가 계획한 나의 하루는 완성되기 어렵다. 좋아하는 옷을 입고 소중한 사람들을 만나 맛있는 음식과 진심 어린 대화를 나누고 싶을 뿐인데, 이게 그렇게나 사치스러운 일이었던가. 방해받지 않은 것으로 겨우 기뻐해야 하는지도 모른다. 어쩌면, 나의 하루는 나의 뜻대로 보낼 수 있는 게 아니다.

그럼 어떡해야 할까.

화창한 낮이 점점 길어지는 시기에 블랙홀처럼 크고 어두운 질문을 가슴에 품었다. 얼었던 눈이 녹고 싹이 움트기 시작할 때도 나는 내게서 비롯된 이 굵직한 물음을 따라 나와 주변, 세상 전체를 둘러 살폈고, 천천히 반경을 좁혀 삶의 자리로 돌아가길 반복했다. 나선으로 생각하는 시간은 체로 가루를 치듯 한 줌의 마음을 모으는 시기였다. 묻고, 듣고, 답하고, 쓰며 하루의 자세를 공부하는 시간들이 싫지만은 않았다. 그래서 어떻게 해야 하느냐는 질문에 나는 내게 이렇게 답했다.

주어진 하루를 성실히 보내기로 결심할 것. 충실히 보냈다는 사실 자체에 만족할 것. 하루를 기록해 그 속에서 노력한 순간들을 손에 쥐고 살아갈 것. 그리고 그것들을 증거 삼아 자신이 잘 지내고 있음을 믿을 것.

여전히 믿는 마음으로 최선을 다하는 삶엔 의미가 있다고 한다. 그것이 정말이라면, 나다운 하루를 지키려 노력하는 수고에도 분명 의미가 있을 것이다. 완벽한 하루를 보내지 못했더라도, 그 자리에 머물렀던 시간까지 없던 일로 할 수는 없는 것이다.

내가 나에게 얻은 대답을 따라 사소한 하루들을 살아내는 데 집중했다. 그러한 매일을 때로는 글로, 때로는 사진으로 기록하는 재미를 느끼며, 오늘이라는 한 가지 재료에서 파생된 맛이 서로 다름을 깨닫는 것이 꽤 즐거웠다. 덕분에 일상을 감각하는 힘을 길렀고, 매일 스치는 풍경 속에 이미 존재하고 있던 감동을 알아볼 수 있게 되었다. 신문 귀퉁이에 있던 틀린 그림 찾기를 했을 때처럼, 똑같은 날들을 가만히 바라보는 힘도 생겼다. 하루를 좀

촘히 살아낼 때 주어지는 보상이 아니었을까 생각한다.

하루하루가 평범하고 의미가 없어 서글픈 마음이 들 때, 우리는 우리가 할 수 있는 하루를 보냈다고, 나의 하루도 당신의 하루와 크게 다르지 않다고 위로하고도 싶었다. 주어진 오늘을 마주하는 수고, 즉 나답게 하루를 살아가겠다는 다짐은 매일의 삶이 어떻게 흘러갈지 모르는 상황 속에서 중심을 잡는 방법이 되어 주었기 때문이다.

사실 지금은 내가 오래 전 그려온 현재의 모습이 아니다. 계획대로 이루어진 것은 손에 꼽는다. 이렇게 치열하게 사는데 왜 삶은 나아지지 않는지 질문하지 않을 수 없었으나, 불안정하고 불확실한 삶 가운데에서도 주어진 시간을 직접 마주할 때, 비로소 행복과 감사를 누릴 수 있었다.

나와 같은 질문을 품은 누군가에게, 또 모두의 하루가 부디 안온하기를 바라며 나를 닮아 무척 심심한 나날들을 이곳에 모아 보낸다. 당신처럼 때로는 흐르듯 살고, 때로는 열렬히 분투했다.

PROLOGUE
하루를 사는 일에 무슨 의미가 있을까 9

ORDINARY DAYS
하루의 한 장면들 19

　조명 21

　일은 나중에 27

　산책을 사랑 33

　지금을 기록 43

　나를 기록 49

　아침 일기 53

　아침 기도 59

　책을 사랑 63

　알배추 67

　호흡의 주도권 77

　달리기 81

시간을 버린다 87

마음이 작아지는 날 97

별일 없는 하루 101

불안의 통로 105

선언 113

사소하게 따뜻함 더하기 115

잘하기 위해 애쓰는 하루 121

마음을 미루는 일 133

물 마실 때 목이 안 아파서 행복 139

아름다운 것을 좋아할 줄 아는 마음 147

우리는 하루와 공들여 이별한다 159

EPILOGUE
하루를 지키는 일에 무슨 의미가 있을까 167

ORDINARY DAYS

하루의 한 장면들

조명

　흐린 날씨가 오래도록 이어지던 늦겨울의 오후에 나는 나에게 다정해지기로 결정한다. 구름이 하늘을 덮고 미세먼지가 공기를 촘촘히 메울 때마다 우울하고 괴로워할 수는 없다. 날이 좋을 때나 나쁠 때나, 나의 하루는 소중하다. 기분에 쉽게 내어줄 만한 것이 아니다.

　실제로 날씨는 사람의 기분에 큰 영향을 미친다. 미국 서부 사람들이 끝을 늘어뜨리며 말하고, 런던 도심을 걷는 이들의 표정이 조금 차가운 이유다. 일조량이 적어지는 늦가을의 밤부터 늦겨울의 오후까지는 직접 나의 감정을 책임지려고 노력한다. 이것은 최대한 기분에 휘둘리지 않고 주어진 시간을 잘 살아가겠다는 다짐이자 선택이기도 하다. 해가 길어지기를 하염없이 기다리기보다 볕이 적은 대로 사는 법을 익힐 때 쓸쓸함을 덜 느낄 수 있다.

그래서인지 조명을 좋아한다. 혼자 쓰는 작은 방에만 조명이 세 개가 있다. 주로 일기를 쓰는 작고 하얀 책상 위에 이케아에서 산 황동 램프가 있다. 아이보리빛 전등갓 사이로 은은한 주백색을 퍼뜨리는 이 조명은 스마트 콘센트에 연결되어 있어 아침 7시 58분이 되면 자동으로 방 전체를 비춘다. 어두웠던 공간에 노랗고 하얀빛이 터지듯 퍼지면 짙게 머물던 졸음도 서서히 희미해진다.

느지막이 이불에서 나와 따뜻한 물 한 잔을 마시고 자연스레 그 빛을 따라 책상에 앉는다. 작은 노트에 오늘 해야 할 일과 그것으로 인해 기대되는 마음을 손으로 적는다. 훌쩍 30분이 지나고, 더 이상 할 일이 없어도 나는 램프 곁에 머무른다. 창문 밖으로 햇빛이 찾아오기 전까지는 피카소의 청색시대 작품처럼 방 전체에 푸르스름한 빛깔이 가득하다. 그 애매한 순간에 눈으로 따뜻함을 느낄 수 있는 곳은 램프의 곁뿐이기 때문이다.

첫 번째 램프의 불을 끄면 컴퓨터 모니터 위에 얹어둔 두 번째 램프의 불을 켠다. 책상을 창문 뒤쪽에 배치하고 나니 자연광이 드는 오후까지는 이곳이 무척 어두컴컴

하다. 또다시 이케아에서 컴퓨터를 위한 새 조명을 고심 끝에 가져왔다. 모니터 위에 얹기만 하면 되니 자리를 차지하지 않아 좋고, 무엇보다 백색이 아니어서 선택했다. 예전에 머물렀던 토론토의 가정집에서 본 어두침침한 주황빛 전구에 가깝다. 나는 그런 빛에서 따스함과 안정을 찾는가 보다. 다정하고 푸근했던 그때가 생각나서 쫓기는 마음 없이 필요한 일들을 해 나갈 수 있다.

　　침대 옆 협탁에는 사은품으로 받아온 새하얀 포터블 램프를 놓았다. 첫 번째 램프가 방 전체를 밝혀주니 자주 이용하지는 않지만, 지금 누워 있는 곳에서 한 걸음만 밝히고 싶을 때 쓴다. 유일하게 하얀빛을 내는 이 램프는 세기를 줄이면 순식간에 은은하고 부드러운 분위기를 만들어 낸다. 나의 의지로 더 많은 것을 보고 싶지 않을 때 그 마음을 기꺼이 허락해 준다.

　　빛은 사람의 감정을 어루만진다. 창밖의 흐린 하늘에서 차분하고 평온한 기분을 느끼기도 하지만 대체로 의도치 않게 무표정을 짓는다. 굳은 얼굴과 목소리에서는 유쾌함보다 차가움이 배어나고 다듬어지지 않은 생각이

말로 바뀌어 나간다. 그런 하루는 내가 추구하는 것이 아니다. 언제나 온화한 사람으로 살고 싶은 마음은 욕심이겠지만 이왕이면 웃는 얼굴로 기억되고 싶다. 그렇기에 빛의 명도와 채도가 유난히 서늘한 추운 계절에는 조명 아래로 나를 밀어 넣는다. 내 마음을 감싸안는 빛들에 환영받는 기분은 아주 중요하다. 그들은, 당장 일어나라 소리 지르지 않고 주저앉은 이의 어깨에 말없이 손을 포갠다.

조명 속에 있을 때 햇빛이 어슴푸레해지는 시간을 떠올린다. 나는 빛이 눕는 그 시간을 유난히 좋아한다. 온몸의 힘을 빼고 가장 자연스러운 모습만 남은 순간이 아름답다. 머지않아 그 빛이 노을이란 이름으로 세게 타오르면, 가장 연약할 때 강해질 수 있다는 말을 힘껏 목뒤로 삼킨다.

잠들기 삼십 분 전, 황동 램프를 켜고 침대에 누워 천장을 바라본다. 내일도 오늘 같을 수 있을지 알 수 없지만 다시 눈을 뜬다면 반갑게 새 아침을 맞이하기로 한다.

일은 나중에

언제부턴가 주어진 일을 너무 미리 해결하지 않기로 했다. 홀가분하게 주말을 맞이하고 싶어 시일이 남은 번역 작업까지 당겨서 해결했다가 몸살이 났던 기억이 있어 그럴 수도 있고, 애써 빨리 해결했더니 즉시 추가 업무가 생기는 바람에 허무한 기분을 느껴서 그럴 수도 있고, 있을 때 벌어야 하는 프리랜서에게 온전한 휴일을 확보하는 일이란 환상에 가까울 수 있음을 이해해서 그런 걸 수도 있다. 글쎄, 예전 직장에서 늘 1등으로 업무를 해결하던 동료가 어떤 사정으로 인해(주로 양식이나 지침이 변경되곤 했다) 일을 두 번 하던 걸 자주 보아서 그럴지도 모른다. 그 사람은 예전의 나처럼 일이 남아 있는 상태를 견디지 못했다.

지금은 많이 나아졌지만, 해야 할 일이 남아 있다는 사실에서 비롯된 불편한 기분을 지우지 못하는 성격은 아빠에게 물려받은 게 아닐까 싶기도 했다. 아빠는 자신에게 타의로 해야 할 일이 생기면 어떻게든 그것을 빠르게 해결하고 싶어 한다. 한번은 오른팔을 다쳐 주방 살림을 돌보지 못하게 된 엄마가 오후에 고추장아찌를 무쳐 달라고 부탁했더니 평소에 보기 힘든 날랜 모습으로 냉장고에서 고추를 꺼내 한입 크기로 빠르게 자르고, 양념을 빠르게 만들고, 그 자리에서 빠르게 무쳐 반찬통에 담은 뒤 탁구하러 나갔다. 자신이 부탁하는 걸 깜빡할까 봐 미리 얘기를 꺼냈던 엄마는 그의 자상한 봉사 정신에 혀를 내두르다 결국 웃음을 터뜨리고 말았다.

일을 빨리 해결하려는 태도는 오늘을 누리고 싶은 마음에서 튀어나온 방어 기제일지도 모른다. 그렇지만 나는 자유노동자가 된 이후부터 일 없는 하루가 무섭다. 그래서 빨리 일을 마쳐야 다음 일을 받을 수 있다는 강박에 시달렸다. 오늘을 누리고 싶어서 열심히 일해 놓고, 왜 일을 빨리 했는지 잊은 채 또 다음 일거리를 찾았다. 내 이름을 부르는 모든 곳에 응답하다 보면 국밥 한 그릇 먹을 돈을 벌기 위해 반나절을 내줘야 하는 경우도 생긴다. 나는 푼돈도 소중하게 생각하지만, 빨리 일을 해결한 덕분에 생긴 시간을 또 일로 채우는 건, 역시 아깝다. 오늘의 24시간은 오늘만 쓸 수 있는 것. 이제부터는 이 시간 상자들 속에 일 외의 것들도 잔뜩 넣고 싶다. 가령 누군가를 돌보는 마음이나… 사랑 같은 것들을.

하루를 꼭꼭 눌러 산다는 말(『지금의 나로 충분하다』(이소은, 수오서재)에서 이 표현을 배웠다)은 세상이 말하는 생산성을 만드는 일에 1분 1초까지 써야 한다는 뜻이 아닐 것이다. 나에게 성실한 하루를 살아가면 된다. 양질의 잠을 자고 좋아하는 것을 먹고, 때로는 넉넉함을 발휘해 상대의 이상한 행동을 이해하며, 별거 아닌 듯한 오늘을 일기장에 기록하는 일. 그렇게 빨리 달려가지 않아도 된다는 사실을 아는 일. 나를 둘러싼 주위의 풍경도 살피며 살 때 내가 풍성해진다는 사실을 몸소 경험하는 일. 이런 일들을 하며 보내는 하루도 충분히 촘촘하고 아름답다.

오히려 든든해서 좋기도 하다, 일이 남아 있다는 것이. 매일 같이 찾아오던 번역 작업이 일주일 넘게 없던 때를 생각하면 더욱 그렇다. 텅 빈 일정표를 보면, 해 보고 싶었던 다른 일에 시간을 쓸 수 있게 됐다고 생각하려

해도, 다음 달의 수입을 고민하지 않을 수 없어 뒷일이 걱정되고 불안하다. 그럴 때는 다른 생각이 들지 않도록 떡 하나와 사과주스 한 모금으로 마음을 달랜다. 뱃속까지 텅 빈 상태로 두지 않는다. 그러면 거짓말처럼 번역 요청이 들어오기도 한다.

해가 길어진 어느 겨울날, 해야 할 일 목록을 살핀다. 몇 가지는 이미 해결했고, 한 가지는 꼭 지금 할 필요가 없다. 그럼 오늘의 일과는 이것으로 끝. 가족과 함께 넉넉히 먹고 마시는 일을 우선하기로 한다. 혹은 부족했던 잠을 보충하고 쌓인 먼지를 닦아 낸다. 나만 할 수 있는 어떤 일이 기다리고 있다는 설렘을 충분히 유지한다. 어떻게든 일해야 한다는 강박에서 벗어나도록 내가 나를 돕는다.

커피 대신 페퍼민트 티백을 따뜻한 물에 우렸다. 하루 정도는 두 눈을 부릅뜨고 각성하지 않아도 된다. 쌉쌀하고 은은한 향기가 퍼진다. 좋은 하루다.

산책을 사랑

햇빛을 즐길 수 있는 날이 점점 줄어드는 것 같다. 여름에는 너무 뜨겁고 겨울에는 그 길이가 짧다. 봄가을에는 먼지와 황사가 태양을 가린다. 흐린 날씨까지 겹치면 저 너머에 해가 있다는 명쾌한 사실은 자주 머릿속에서 휘발된다. 구름 가득한 하늘을 미워하지는 않지만, 그 사이로 새하얀 빛이 쏟아져 나오면 망설이지 않고 가장 사랑하는 옷을 골라 밖으로 나간다. 산책의 시간이다.

나의 산책은 햇빛을 온몸으로 받아내는 의식이다. 창문 밖 풍경에서 산뜻한 기운이 느껴질 땐 그것을 좀 더 맛보고 느끼고 누리기로 다짐했다. 꼭 필요한 소지품 한두 개만 들고 거리를 걷는 일에서 홀가분함을 느낀다. 웬만하면 걸쳐 입은 재킷 주머니에서 손을 빼고 걷고, 스마트폰을 쥐지 않는다. 속도는 최대한 늦추고 자외선 차단제를 듬뿍 바른 얼굴을 해의 방향에 조심스럽게 맞춘다.

엄마는 기미가 생길 수 있어 절대 하지 않는 행동이라고 여러 번 말했지만 나는 이 뜨거움을 나의 몸 깊숙한 곳까지 빨아들이고 싶다. 해를 오랜만에 본 날에는 더더욱. 하지만 숨을 깊게 들이마시고 내쉬기를 몇 번 반복하고 나면 엄마의 말을 듣기로 결정하고 고개를 숙이거나 챙겨온 모자를 다시 쓴다.

'산책'이란 단어에서 끊임없이 나아가는 모습을 떠올린다. 때론 경쾌하게, 때론 무력하게. 같은 공간을 산책하는 산책자들의 걸음은 저마다의 모양을 지닌다. 추억을 회상하는 노부부의 발걸음은 그들의 이야기처럼 아늑하면서 포근하고, 세상이 궁금한 유아의 발걸음은 망설임 없이 이곳저곳으로 튄다. 첫 데이트를 마무리 중인 남녀의 발걸음은 조심스럽게 보폭을 맞추고, 스포티한 가방을 멘 십 대 여자애들의 발걸음은 그들의 이유 없는 웃음을 닮았다. 오늘 나의 걸음은 무엇에 비할 수 있을까. 햇살을 사랑하는 기분을 닮아 있었으면 좋겠다.

산책은 마음을 씻어낸다. 눈앞의 풍경에 시선을 맞추고 자연의 소리를 들을 때, 마음을 옥죄던 감정들을 쓸

어간다. 운동화 끈을 조여 매고 천천히 걷다 보면 나를 한없이 끌어내리던 근심의 크기가 분꽃 씨앗처럼 작아진 것을 느낀다. 잔잔한 파도에 바위가 깎이듯 고민의 무게가 줄어든다. 가슴 속 덩어리가 그대로 있을 지언정 그 무게가 들어올려지니 어깨가 내려가고 호흡이 가볍다. 가만히 앉아 있을 때는 자꾸만 힘들게 하더니, 산책하는 나를 통로 삼아 내 발 아래로 내려가서 지구의 저 가운데로 흘러가버린 걸까? 그렇게 나를 무섭고 힘들게 하던 것이 어쩌면 아무것도 아닐 수 있다는 생각을 믿어 보기 시작한다.

산책은 돌아갈 힘을 선물한다. 집에서, 집으로. 작업실에서, 작업실로. 벗어나고 싶었던 곳은 이내 다시 시작하고 싶은 곳이 된다.

지금을 기록

내가 운영 중인 독서 모임 회원들이 모여 있는 오픈 채팅방에 누군가가 흥미로운 주제의 책 표지 사진을 올렸다(책 제목은 『기록하기로 했습니다』(김신지, 자기만의방)). 깔끔하면서도 검은색 선 여러 개로 포인트를 준 표지가 호기심을 자극했다. 주제도 완벽히 내 카테고리에 부합한다. 자기 일상을 다양하게 기록하는 방법을 소개하고 있는 것 같았고, 저자가 제시한 기록 실천법 중 절반은 이미 하고 있거나 해 본 일이었지만 결국 내용이 궁금해 제목을 봐 두었다가 따라 읽고 말았다. 한참 재밌게 보다가, 사랑하는 대상을 영상으로 기록해 보라는 저자의 설명에 뜻밖의 울음이 터졌다.

정확히는, 저자가 사랑하는 할머니의 목소리를 기억할 수 있도록 자주 영상을 찍어 두지 못해 아쉽다는 말에 눈물이 났다. 귀찮더라도 나중에 찍어 두었던 영상 기록물을 보면 그 사람의 얼굴과 표정, 특별한 행동, 함께 있었던 장소에 대한 추억을 순식간에 불러올 수 있다. 돌아갈 수 없는 시간을 재생할 수 있게 해 줄 뿐 아니라, 영상 속에는 더 이상 들을 수 없는 목소리가 담긴다. 그러고 보니 내 스마트폰에도 할머니의 움직이는 모습은 없다. 시골집에 가면 할머니의 흔적을 찾을 수는 있지만 그마저도 할머니의 손길이 닿지 않아서인지 무척 희미하다. 할머니의 김치통이었던 것이 그냥 김치통이 되어 간다. 할머니를 찍었다면 눈앞의 김치통이 여전히 할머니의 것이 될 수 있었을 텐데. 목소리는 더더욱 희미하다. 할머니를 기록했다면 내 이름을 부르는 이들이 갈수록 적어지는 세상에 작은 그리움 하나 남길 수 있었을 텐데.

그렇다. 슬프게도 할머니의 목소리가 잘 떠오르지 않는다. 웃음소리는 어땠더라. 좋아하는 총각김치를 더 가져가라 소리치시던 때의 목소리는 어땠지. 이런 느낌이었나, 저런 느낌이었나. 그러다가 문득 엄마와 아빠를 잊는 상상을 했다. 덜컥 겁이 났다. 언젠가 우리 집 두 사람의 목소리도 생각나지 않으면 어떡하지. 기억 속에서 엄마와 아빠의 목소리가 희미해지고 있음을 인식하는 순간, 나는 내가 어떤 마음일지 도무지 상상할 수 없다. 그냥 무너져 버리지 않을까. 그럼에도 결국 잊게 될까. 내가 그 목소리들을 잊고 살 수 있을까. '당신과 매일이 이별하는 날'이라는 트로트 가사에도 울지 않았건만, 그렇게 나는 사랑하는 사람의 목소리를 잊는다는 글자에 오열하고 말았다. 몸이 멀어지면 마음도 멀어진다는 말은 가장 소중한 것에도 적용되는 듯하다.

나의 두 사람은 모두 그리 높지도 그리 낮지도 않은 적당한 높이의 목소리를 가지고 있다. 아빠의 목소리는 아빠를 빼닮았고, 엄마의 목소리는 엄마를 빼닮았다. 정말로 각자의 얼굴과 표정과 체형과, 행동과도 닮았다. 어느새 어르신이 된 아빠의 목소리는 내가 듣기에 전혀 노인 같지 않다. 충분히 젊고 반듯하다. 엄마의 목소리도 그렇다. 날카롭거나 평평하지 않고, 엄마의 중단발처럼 포근하다.

여전히 점심과 저녁을 모여 앉아 먹곤 하는 우리는

식탁에서 서로의 목소리를 가장 자주 듣는다. 세 명이 모두 집에 있을 때 자주 먹는 음식은 비빔밥. 양푼에 콩나물과 시금치, 볶은 당근, 갓 삶은 시래기와 계란프라이 세 개를 넣고 고추장과 들기름에 밥을 비빈다. 사방을 오가는 나무 주걱 위로 세 명의 목소리가 오간다. 내일 날씨가 이렇대. 시래기가 맛있네. 그거 홈쇼핑에서 산 거야. 괜찮네, 조금 더 사 놔. 아이고, 이 사람아 아직 한참 남았어. 난 먼저 먹는다. 그럼 설거지는 니가 해라…… 심심풀이 땅콩 같은 주제들이 밥알 사이로 버무려진다.

책 덕분에 숨죽여 울고 난 다음 날 아침, 손목 수술을 해서 제대로 씻지도 못한 엄마를 향해 갑자기 카메라를 들이밀었다. 자길 찍는 거냐 묻던 엄마는 왜 굳이 이런 못난 모습을 카메라에 담느냐고 또다시 물었다. 그런가. 그래도 10초 정도 그 모습을 담았다. 늦기 전에, 미루지 않고, 엄마의 목소리를 기록했다는 사실이 좋았다. 저장된 영상을 물끄러미 보다가 다시 카메라를 켜고 녹화 버튼을 누른 뒤 보이지 않는 관중을 향해 소리내 말했다.

"오늘은 엄마와 점심을 먹고 있어요."

나를 기록

그날 이후 내 모습도 자주 찍기 시작했다. 원래 사진은 많이 찍어도 영상은 잘 남기지 않는 편이었는데, 살아 움직이는 나를 기록하고 싶어졌다. 이 세상에 남는 것이 내가 아니라 나를 담은 사진(『가벼운 고백』(김영민, 김영사))과 영상뿐인 걸 깨달았기에, 또 혹시 모를 어떤 일로 먼저 이 땅에서 없어지게 된다면 사람들이 나를 기억해 주었으면 좋겠다고 생각했기에 그렇다.

나를 기록하는 일은 나를 좋아하는 과정이기도 하다. 지금을 찍고 싶다고 생각해 곧장 카메라를 꺼냈다가 굳어 있는 내 표정이 보기 싫고 창피해서 지워버린 사진들도 수백 장은 된다. 그 일련의 경험에서 내가 의외로 잘 웃지 않고, 사람들의 시선을 의식하고 있다는 사실을 배웠다. 그래도 여행지에 가면 표정이 어떻든지 나를 찍어 두려고 노력하는데, 특히 맛있는 걸 먹으며 남몰래 좋아하는 내 표정을 보면 나를 더 사랑하게 된다. 막상 찍을 때는 왜인지 부끄러워도 그 순간만 인내하면 아무도 주지 못할 최고의 선물이 남게 된다. 일을 하다 지쳤을 때, 가끔 사진첩에서 이런 때의 영상을 보며 생각한다.

'나는 맛있는 걸 먹을 때 기뻐하는구나. 생각보다 별거 아닌 일로 행복해하네. 그래, 열심히 일해서 또 맛있는 거 먹으러 가자. 시간은 우리를 기다려 주지 않으니.'

매일이 스러지고, 우리는 언젠가 서로를 잊게 된다. 나도 내가 누구인지 잊게 되는 날이 오고 말 것이다. 그때는 그때이고, 지금은 나를 사랑하기로 결정한다.

아침 일기

아침에는 일기를 쓴다.

일과를 시작하지 않은 상태에서 일기를 쓴다는 건 나름의 규범을 저버리는 일이다. 일기는 그날 겪은 일이나 느낌 따위를 적은 개인의 기록이니, 하루를 보내고 밤에 써야 순서상 맞을 것이다. 그렇지만 밤은 고단한 몸을 달래기에도 부족하고, 막막한 미래 앞에 고개를 떨구며 잠에 들기 바쁘다. 하지만 그렇게 근심으로 하루를 마무리하고 다음 날 아침에 눈을 뜨면 외로움이 밀려들었다. 나는 그런 아침이 싫었다.

어느 자기 계발 전문가는 잠들기 전에 긍정적인 생각을 해 보라고 조언했다. 그러면 일어났을 때의 기분에 큰 영향을 준다고 했다. 몇 번 따라 했고, 실제로 그런 것 같다고 느꼈지만 습관으로 굳히지 못했다. 그래서 밤이 아니라 아침에 변화를 더해 보기로 했다.

　　기상 직후, 따뜻한 물과 가벼운 먹을거리로 몸을 깨운 뒤 책상에 앉았다. 미리 골라 두었던 A5 크기의 노트 한 바닥에 하고 싶은 말을 모두 쏟아내 보기로 했다. 흔히 말하는 모닝페이지에 도전한 것이다. 울 수 있는 시간을 허락받은 것처럼, 종이 한 장에 모든 걸 털어내서 어제보다 홀가분한 하루를 보낼 수 있다면 더할 나위 없겠다고 생각했다. 그런데 무슨 말을 쓰지. 일어나자마자 목적 없이 무언가를 쓰는 일이 낯설어 살짝 헤매다가, 일단 펜을 잡고 지금의 기분을 적었다. 한 문장. 그다음에는 그런 기분이 든 이유를 유추했다. 두 문장. 천천히 가슴 속 무언가가 꿈틀대기 시작했다. 작은 둑이 터지듯 하고 싶은 말이 서서히 흘러나왔다. 세 문장, 네 문장, 다섯 문장. 아침 일기장 한바닥이 순식간에 채워졌다.

　　새벽 같은 아침부터 종이에 기록된 것은 다름 아닌 두려움이었다. 아침과 두려움. 도무지 어울리지 않을 것 같은 두 가지가 나의 작은 노트에 담겼다. 어쩌다 다시 읽어 본 나의 글들은 답답한 마음 또는 간절한 소망이라는 제목을 붙여줄 수 있을 정도로 현재의 삶을 완벽히 마주하고 있었다. 뚫리지 않는 현실과 보이지 않는 미래 사이, 그 모든 기저에는 두려움이 있었다. 나는 무엇을 두려워하고 있을까. 쓰기를 지속하면 이 두려움이 희미해질 수 있을지 궁금해서 기꺼이 나를 시험대에 올렸다. 사흘, 나흘, 일주일, 한 달…… 반년. 일과를 시작하기에 앞서 매일같이 글자로 소리쳤다.

> 오늘을 잘 보내고 싶다. 오늘만큼은 나를 사랑하고 싶다. 마음이 아프지 않기를 원한다. 그 일을 순조롭게 해결하고 싶다. 그 사람을 시기하고 싶지 않다. 오늘의 한 걸음이 잘못된 방향으로 가지 않기를 원한다.

아침의 일기는 오래도록 잘 지내고 싶은 바람으로 물들었다. 사람들과 좋은 관계를 이어가고 싶은 마음, 주어진 일을 잘 해 내고 싶은 마음, 글을 쓰며 책 만드는 삶을 지속하고 싶은 마음…… 그 마음에 너무 힘을 준 탓에 크게 넘어지기도 했지만, 금세 일어서 가던 길을 계속 걸어가기도 했다. 내가 나의 모습을 내려다볼 기회가 있다면, 부지런히 무언가를 쓰고 있는 아침의 나를 보고 싶다는 생각도 했다. 한 발짝만 떨어져서 나를 보면 그렇게까지 애쓰지 않아도 된다고, 충분히 괜찮고 잘하고 있다고 말하고 싶을 것 같다는 상상을 하면서.

사방이 어두워 아무것도 보이지 않지만 오로지 눈앞의 한 걸음, '오늘'만 믿고 나아갈 수밖에 없는 절박함이 작은 손가락과, 손가락과 연결된 팔과, 팔과 이어진 몸통, 몸통의 맨 위에 있는 머리와 눈을 통해 오늘도 종이 위로 기록된다. 많은 것을 토해내는 아침이 될수록 속이 가벼워진다.

아침 기도

아침 일기를 쓰고 난 뒤 여유가 있다면 가볍게 기도까지 하는 건 어떨까 싶었다. 그런데 뭐라고 기도하지. 일단 눈을 감고 심호흡을 한 뒤 떠오르는 말들을 속으로 내뱉었다.

저는 오늘을 모릅니다.

아빠의 안전과 건강을

엄마의 안전과 건강을 지켜 주세요.

우리의 마음이 오늘도 평안했으면 좋겠습니다.

나중에 돌아볼 때에야 지금 이 순간들의 의미를

알 수 있겠죠.

현재의 삶을 희미하게 이해하며 오늘 할 수 있는 일들을 해나가려 합니다.

가끔 기쁘고 자주 슬프기만 한 것 같은 하루들이지만, 꼭 그간의 모든 것을 잊을 만큼 눈물 가득히 웃을 수 있기를 원합니다.

그게 오늘일지 내일일지 저는 모르겠죠.

…

곧 서울로 출발합니다.

가족을 한 번 더 볼 수 있도록,

오늘의 오가는 길도 지켜 주세요.

책을 사랑

읽고 싶은 책들을 안고 침대 위로 올라가 벽에 세워둔 삼각 쿠션에 기대어 앉는다. 전기장판을 가장 낮은 온도로 설정한 뒤에는 그 온기가 돋아나길 기다리며 가져온 책들의 제목을 훑는다. 잠시 눈을 감고 긴 숨을 내쉰다. 두 시간 뒤면 자려고 누울 텐데 역시 서너 권씩이나 가져올 필요는 없었던 것 같다고 생각한다. 그러다가 결국 모든 책을 조금씩 읽어 보기로 결정한다. 이때 시계는 보통 저녁 아홉 시를 가리킨다.

저녁이 밤으로 이어지는 시간, 자연스레 사용하던 컴퓨터를 끄고 책과 연필 한 자루를 모아 가장 아늑한 장소를 찾아간다. 겨우 두 발짝 떨어진 침대일 뿐이지만 여기에 앉아 책을 읽는 것은 소란했던 하루를 정리하는 의식이다. 때론 집어 든 책 한 권의 이야기에 빠져드느라 나머지는 펴 보지도 못한 채 잠을 청하는 일이 허다한 데도

늘 같은 준비물을 가져간다. 책 욕심은 좋은 욕심이라는 정의를 펼치며 혼자 고개를 끄덕인다. 밤이 깊어지는 시간은 책을 사랑하는 시간이다.

내가 알지 못하는 세상의 이야기를 들을수록 눈꺼풀이 무거워지는 것이 반갑다. 종이를 통해 자전적 이야기 쓰는 법을 배우고, 좋은 습관을 위해 내일 아침 해야 할 일을 가슴에 새기며 하품을 한다. 행동을 촉구하는 이야기들 사이에서 노곤하고 느긋한 마음을 풀어내는 일은 역설적인 겉모양과 다르게 꽤 행복하다.

오랜만에 스르륵 잠에 들었다. 꿈도 꾸지 않았고 새벽에 깨지도 않았다. 알람도 듣지 못했다. 일어난 시간을 보니 평소의 그때다. 책과 함께해서 유난히 잠이 달콤했던 것은 아니었을까.

알배추

무심코 입에 넣었던 알배추의 맛에 푹 빠졌다. 생으로 씹으면 사각거리며 고소함을 뿜어내고 전자레인지에 넣고 푹 익히면 세상에 하나뿐인 단맛을 선물한다. 엄마는 이 맛을 즐길 수 있는 것도 아마 이맘때뿐일 거라며 장보기용 카트를 끌고 알배추 세 포기를 구해오더니, 그 주 주말에는 다섯 포기를 더 가져왔다. 식탁에는 깨끗이 씻은 알배추가 매일 같이 올라왔다.

점심에는 남들을 따라서 작은 전자레인지용 찜기에 노오란 알배추를 곱게 깔았다. 한쪽에 있던 청경채도 다듬어서 넣고, 두 동강 내자마자 후루룩 쓰러지는 팽이버섯도 곱게 올려주니 노랑, 초록, 하양의 삼박자가 조화롭다. 알록달록한 야채들 위에는 냉동실에서 막 꺼낸 우삼겹 여덟 조각을 더하고, 소금과 후추 한 꼬집을 추가한 뒤 전자레인지에 넣어 9분을 기다린다. 배추 익은 냄새와 고소한 고기 냄새가 동시에 퍼지면, 덜어 먹을 그릇과 매운 소스를 준비한다. 그새를 참지 못하고 식탁에 놓인 생배추를 또 집어먹는다. 요즘은 그야말로 배추 가득한 인생. 배추처럼 하얗고 샛노란 하루가 펼쳐질 것만 같다.

저녁 식탁에 작은 채반 두 개가 올라왔다. 들어 있는 것은 모두 배추. 다진 야채를 넣은 두툼한 계란말이와 들기름으로 구운 두부, 감자 넣은 시금칫국, 콩밥, 순두부를 넣어 만든 쌈장도 한자리를 차지했다. 아빠와 엄마는 가을에 심은 배추인 것이 틀림없다고 말하더니 배춧잎에 밥 한 순가락과 장을 듬뿍 얹어 먹었다.

왜 가을에 심은 게 틀림없어?

- 그맘 때 심은 것들이 이상하게 달달하더라고.

그래?

- 여름보다 비가 덜 오고 하니까 수분이 빠져서 그런 걸꺼양 와구와구.

작고 튼실한 알배추 하나로 별거 아닌 대화가 오간다. 말끝에 맛있다는 감탄이 끊이지 않는다. 맛있는 거 먹는 걸 좋아하는 아빠는 한술 더 떠서 알배추를 열 개 정도는 사다 놓는 게 어떠냐고 제안하고 엄마는 오늘 다섯 개 사왔으니까 일단 먹고 사면 된다고 말한다. 알배추가 없었으면 어쩔 뻔했어. 우리는 알배추로 행복할 수 있는 사람들이었구나.

후식으로 딸기를 먹었다. 사이좋게 두 개씩.

좋은 마무리다.

호흡의 주도권

천천히 뛴다. 아주 천천히. 지나가는 사람들이 저 사람은 뛰는 걸까 걷는 걸까 궁금해할 정도로 천천히 뛴다. 그렇지만 앞으로 착실하게 나아간다. 천천히 달리지만, 발을 디딜 때마다 나는 출발점에서 멀어지고 있다. 오랜만에 러닝화를 신고 바깥으로 나선 초여름 날, 반드시 천천히 뛰겠다는 다짐을 수백 번 한다.

하지만 나도 모르는 사이 속도가 빨라진다. 따스해진 해풍이 반가워서 들떴을 수도 있고, 정해 놓은 목적지가 너무 멀어 보여서 그럴 수도 있고, 내 옆을 스쳐 간 다른 러너에게 지기 싫어서 그럴 수도 있다. 무슨 이유든 발이 빨라진 탓에 조금 지친다는 생각이 들거나 호흡을 조절하기 힘들다는 느낌이 오면 곧장 주문을 외운다. 천천히 뛸 거야, 천천히.

한 번 옆구리가 아파져 오기 시작하면 그 감각을 고치기 어렵고 또 오래가기 때문에 안정적으로 숨을 고를 수 있도록 속도를 낮춘다. 전문가는 아닐지라도 달리기는 호흡을 잡으면 이기는 싸움이란 것 정도는 알고 있다(애초에 '싸움'은 아닐지도). 내 몸보다 내가 먼저 호흡을 잡으면, 이긴다. 그뿐일까. 숨이 찬다는 기분이 들지 않으니 마음이 편해지고, 마음이 편해지면 주변 풍경이 눈에 들어오기 시작한다. 놀라울 정도로 아름다운 노을과 구름, 유유자적한 산책자들, 맞은편에서 달려오는 이름 모를 이가 반갑다. 하나도 힘들지 않은 것 같은 기분에 젖어 든다. 도시의 건너편으로 넘어갈 수 있을 것 같은 자신감이 들어선다. 온몸에 고양감이 넘쳐흐른다.

무엇이든 할 수 있다는 자신감이 몸 곳곳에 깃든 순간, 갑자기 눈물이 나기도 한다. 여러 일들로 풀 죽어 있던 내 얼굴이 떠오르기도 하고 오해를 풀고 싶어 전전긍긍했던 모습이 떠오르기도 한다. 아무도 보지 못한 눈물을 크게 훔치며 속으로 말한다. 그냥 잘하고 싶었을 뿐이고, 잘 지내고 싶었을 뿐이야. 그 사람들 잘못도 없고 내 잘못도 없어. 그냥 '잘'하고 싶었던 마음만 있었어. 그런데 그 마음이 날 괴롭게 하는 걸 보니 내 욕심이 조금 더 컸나 보다. 그럴 수 있어. 나는 잘하고 싶었을 뿐이고, 그게 다야. 그리고 앞으로는 잘해낼 수 있을 거야. 나의 속도로도 이 먼 거리를 달릴 수 있는 것처럼.

미리 재생해 두었던 달리기 가이드의 목소리가 이어폰을 타고 흘러나온다. 지금부터 30초 뒤에 러닝이 종료된다고 한다. 몸을 점검한다. 턱을 내리고 앞으로 튀어나간 목을 제자리로 돌린다. 다리가 풀리지 않도록 힘을 더 주고, 허리를 꼿꼿이 세운다. 팔은 가볍게 헛둘헛둘. 페이스 유지에 힘을 쏟는다. 조금만 더 가면 출발점이자 종료 지점에 도착한다.

끝까지

호흡의 주도권을 넘겨주지 않는다.

달리기

정확히 언제 무슨 연유로 달리기를 잘하고 싶다고 생각했는지 기억나지 않는다. 하지만 오래전부터 갈망했던 것은 확실하다. 헬스장 러닝머신 옆을 지나가다가 저 사람은 참—오래—잘도—뛰네 라고 생각했기 때문인지, 라디오를 들으며 조깅을 5킬로 정도는 한다던 어떤 사람의 말이 멋있게 들렸을 수도 있고, 심장이 터질 것 같은 기분 정도는 느껴야 살이 빠질 거라 생각했거나, 그냥 잘 뛰고 싶었던 걸 수도 있다.

이런 다양하고 복잡한 계기를 속에 품으며 지내던 어느 날, 아파트 지하 헬스장으로 향했다. 달리기를 시작한다면 오늘이 좋겠다고 생각했던 것 같다. 굳이 지하를 고른 이유는, 잘 뛰지 못하는 모습을 보이면 창피하니까 은밀한 곳이 좋겠다고 생각했던 것 같다. 지금으로부터

약 6년 전쯤이었던 것 같고, 그날의 달리기 기록은 대략 2분이었다. 누가 봐도 처참하고 어디 내밀 수도 없는 기록이었지만 나는 몇십 년 만에 갑자기 달려 보았다는 사실에 왜인지 흥분했고, 즐거웠고, 성취감을 느꼈다. 숨이 턱 끝까지 차오른 순간 재빨리 러닝머신의 속도를 걷기 좋은 쪽으로 바꾼 뒤에는 가쁜 숨에 어쩔 줄 몰라 하면서 각종 전략을 세웠던 기억이 난다. '처음에는 무조건 천천히 뛰어야겠다. 나도 모르게 발이 빨라지지 않도록 조심해야겠다. 양말은 도톰하고 흘러내리지 않는 것으로 신어야겠다—그러니 브랜드 스포츠 양말을 사는 건 정당한 일이다. 숨은 한 번에 최대한 크게 들이마시고 크게 내뱉어야겠다. 숨 쉬는 것조차 버거워질 땐 바로 '멈춤' 버튼을 눌러야겠다. 그리고 내일은 오늘보다 딱 1분만 더 뛰어 봐야겠다. 할 수 있을 것이다.'

그날 운동을 마치고 집에 돌아와서는 역시 뛰는 건 아닌 것 같다든가 하기 싫다든가 여기서 그만둬야겠다든가 하는 생각은 하지 않았다. 처참한 기록을 보고 이건 내가 할 게 아니라며 포기했을 법도 한데, 늘 고민하던 것을 실천에 옮겼다는 사실에 무척 기뻤고, 내일은 오늘보다 조금 더 뛰어보고 싶다는 생각뿐이었다.

'오래 그리고 많이 뛸 줄 알았으면 좋겠다'던 바람은 '2분 달리기'를 기록하고 몇 년이 더 지나서야 이루어졌다. 2년 전 가을, 각종 번역 원고와 쌓여 있던 이메일 답신을 해결하고 옆 창문을 쳐다보니 선선한 공기와 높은 하늘이 유난히 눈에 들어왔고, 창문을 열어 시원한 바람을 얼굴로 맞고 나니 뛰기 좋은 계절이 왔음을 직감했다. 그래, 다시 뛰어야겠다. 지친 몸과 마음에 새 공기가 필요하다. 그렇게 그날은 머리부터 발끝까지 운동복으로 갖춰 입고 밥을 먹었다. 옷이라도 먼저 입고 있어야 귀찮은 마음을 이기고 집 밖으로 나갈 수 있을 테니까. 무선 이어폰을 끼고, 손목에는 핸드타월 겸용 손수건을 둘러 묶고, 야무지게 러닝화 끈을 맨 뒤 비장하게 달려 나간 공원에서 나는 장장 2킬로라는 기록을 세웠다. 그날도 지하 헬스장에서 그러했던 것과 같이 더 나은 미래를 꿈꾸며 여러 다짐을 했다. '처음엔 무리하지 말아야겠다. 그러다가 도전해 볼만한 마음이 든다면 조금 더 빠르게 내달려보기를 주저하지 않겠다. 무엇보다 저 사람 너무 못 뛰는 것 같다든가, 느리다든가 하는 타인의 말소리나 눈빛은 신경 쓰지 않겠다. 꾸준히 달리는 것이 목표이니 지치지 않도록 나의 몸 상태를 잘 돌보아야겠다. 오래 그리고 길게 뛰자.'

만월에 가까워지고 있던 선선한 9월의 초가을 저녁, 몇 년 전과 같이 열심히 발을 구르면서 문득 달리기와 삶이 무척 맞닿아 있다고 느낀다. 나의 몸 상태를 그 누구보다 예민하게 살피고 귀 기울여야 하며, 내 마음의 소리에 집중하며 한 걸음씩 내딛을수록 목적지에 가까워진다. 뒤돌아보니 어느새 이만큼 왔다는 사실에 감격한다. 예전보다 성장한 내 모습에 즐거워하며, 어제보다 나은 사람이 되었다는 사실 자체만으로 삶은 풍성해진다. 2분짜리밖에 안 된다고 생각했던 나의 하루가 2킬로를 견뎌내는 긴 여정으로 이어진 것처럼.

가쁜 숨이 정돈되고 주변의 풍경이 눈에 들어온다. 지쳤던 몸이 회복된다. 그러다 조금씩 속도를 내면 빠르게 스쳐 가는 사람들의 모습이 시야에서 사라지고 온전히 나만 남게 된다. 내가 보는 풍경, 나의 숨소리, 호흡에

맞춰 삼켜 보는 마른침, 선명하게 느껴지는 심장 박동, 이마를 타고 흐르는 땀, 그럼에도 상쾌하다는 생각으로 가득한 머릿속. 이 순간을 온전히 살고 있는 나를 선명하게 느낀다.

둥근 보름달이 예뻐서 1분만 쉬기로 했다. 두둥실 떠가는 구름 위에 누워 몸을 맡기듯 살아가면 어떨지 상상하며 운동화 신발 끈을 고쳐맸다. 발길 닿는 대로 살아가는 건 어떻게 하는 걸까. 달리기가 알려줄 때까지 오늘도 착실히 뛰어 보는 수밖에 없다. 오늘의 목표는 5킬로. 뛰는 행위로부터 편안해지는 방법을 배운다.

시간을 버린다

서울에 살지 않는 나는 오랫동안 서울로 가는 버스에서 보내는 시간을 '버리는' 시간이라고 생각했다. 시간은 금과 같은 것. 그런 소중한 것을 버린다는 건 무척 부끄러운 짓이기에 비록 버스에 앉아 있는 일이 꽤 많은 체력을 쓰는 일일지라도 무엇이든 하는 것이 옳다고 여겼다. 실제로 한 시간 정도의 이동 시간은 영어 단어를 외우거나 책을 읽기에 안성맞춤이다. 이런 까닭에 짐이 많지 않거나 좌석이 특별하게 불편하지 않다면 무엇이든 꺼내 보거나 읽었다.

어느 가을 오후에는 조금 다른 선택을 하고 싶었다. 승객이 많지 않은 버스 안으로 올라선 뒤 평소라면 잘 앉지 않는 가장 끝에서 두 번째 자리로 갔다. 높낮이차가 있어 바깥 풍경을 조금 더 위에서 볼 수 있지만 앞좌석 전체가 보이지는 않는 독특한 자리다. 오른쪽에 가지고 있던 짐을 내려놓고 크게 숨을 들이쉬었다. 노곤함과 편안함 사이를 가르며 버스가 신호를 따라 달리기 시작했다. 쾌청한 하늘에 두 눈을 고정했다. 집으로 돌아가는 저녁에는 아무것도 보이지 않을 테니 가방에 넣어 둔 책 한 권 대신 창밖을 더 보고 싶었다.

밖을 볼수록 스마트폰으로 뉴스레터를 읽거나 책을 보고 싶은 마음이 사라지면서 문득 그런 생각이 들었다. '이 자유한 순간을 누린 게 언제였더라.' 하나라도 더 무언가를 하지 않고 있지 않은, 차창 밖 풍경을 무력하게 바라봐야만 하는 순간이 참으로 자유했다. 오랜만에 비행기 모드 버튼을 눌렀던 때처럼, 세세하게 선택하고 모든 것에 책임을 져야 하는 일에서 완벽하게 빠져 나온 듯한 해방감에 아까와는 다른 깊은 한숨이 나왔다. 하루 중 아무것도 하지 않는 순간은 얼마나 될까. 이 순간은 정말로 '버리는' 순간일까. 몇 초 전에도 봤던 인스타그램을 다시 켜봤자 나는 유명 가수의 허리가 한 줌이라는 것과 그의 춤 실력이 '미쳤다'는 문구를 보고 '정말 그러네'라고 순응할 뿐이다. 나는 왜 그런 것들을 보고 들어야 하는가. 그들의 삶에 한두 번 관심 가진 적은 있어도 그것이 좋다고 매일 같이 교육받고 싶었던 것은 아니다.

아무것도 하지 말자. 겨우 한 시간. 이제부터 서울로 가는 버스에서 보내는 시간은 하루 중 아무것도 하지 않고 모든 것에서 자유한 시간이다. 나를 오롯이 쉬게 해주는 최고의 선물.

그래도 예외가 발생할 때를(좌석 사정이 여의치 않거나 지금 당장 글쓰기 또는 번역을 해야 할 때) 대비해 작은 규칙 하나를 만들었다. 버스에서 반드시 10분은 버리기. 이 의식을 수월하게 해내는 방법은 좋아하는 노래 혹은 나의 오늘이 되기를 바라는 노래 세 곡을 연달아 감상하는 것이다. 한 곡당 재생 시간이 약 3분이니까, 세 곡을 들으면 10분이 된다. 이 시간 동안 스마트폰을 들여다 보아선 안 되고, 버스가 터널을 통과할지라도 창문 밖만 보아야 한다. 행선지를 향해가는 이동수단에 몸을 맡긴 채 무력히 허공을 응시하면 더할 나위 없다. 가끔은 이런 선택도 괜찮을 것이다. 이제부터 기꺼이 시간을 버리기로 작정한다.

달리는 버스의 속도만큼 다양한 풍경이 지나간다.

산 중턱의 판잣집과 그 옆을 촘촘히 메운 나무들, 어제보다 구름 한 점 적은 하늘, 귀를 타고 흘러 들어오는 선율이 마음속에 또렷이 새겨진다. 마이마이를 쓰던 어릴 적엔 당연히 하던 것들이었다. 작은 수첩과 펜 한 자루, 가벼운 먹거리와 읽을 거리를 넣어 다니던 그때가 그립다가도, 천천히 떠 가는 뭉게구름을 쉽게 찍을 수 있는 현재에 기뻐하고 만다. 버스가 목적지에 다다를수록 온갖 것들로 가득했던 머릿속 생각 풍선이 점점 크기를 줄인다.

만석이었던 자리들이 하나둘씩 비워지고, 나도 차례를 따라 버스 밖으로 나갔다. '오늘도 그렇게 흘러가자'(권진아, 『흘러가자』)는 노래 가사 한 줄을 붙잡고, 2호선을 타기 위해 지하철 역사 안으로 향했다.

마음이 작아지는 날

내 힘으로도 내 마음을 달랠 길이 없을 때가 있다. 부정적인 생각은 그만하고 지금에 집중해야 한다는 걸 알아도 내가 잘해오고 있었는지, 내가 한 선택과, 실천과… 아니 그냥 내가 잘못된 것은 아닌지 의심하는 마음이 물밀듯 밀려 들어오곤 한다. 그런 때를 위해 오늘 나눈 대화를 노트에 적어 두기로 했다. 오늘은 화요일, 오랫동안 사랑하고 있는 곳에 다녀온 날이었다.

작아지는 마음, 그러니까 나를 작게 여기는 마음은 비교할 때 생겨납니다. 내가 생각하는 이상적인 나 또는 내가 부러워하는 어느 대상의 옆에 지금의 나를 붙여 놓으니까, 계속 그 상대와 나를 같이 보게 되고, 내게 부족한 걸 찾게 돼요. 나는 모자라고 아름답지 않은 거죠. 내가 나를 그대로 바라봐 주지 않고 자꾸 다른 무언가와 견주니까요. 그럴 땐 시선을 옮겨 나를 바라보고, 나에게 집중하고, 나를 수용해 주어야 해요.

  - 내가 나에게 집중한다는 건 어떻게 하는 걸까요? 이대로도 충분히 괜찮고 잘하고 있다고 나를 믿으면 되는 걸까요? 그게 합리화랑 어떻게 다르죠?

  나를 믿는 일도 합리화의 일종이긴 하죠. 제가 듣기에 지금 말한 '합리화'는 변명과 불평이 섞인 불순한 쪽인 것 같아요. 스스로 알잖아요. 내가 오늘 어떤 일을 하지 못한 것에 대해 주변 탓을 하며 미루고 인정하지 않으려는 태도를 보인다면 그건 회피가 되겠네요. 당연히 나를 믿어 주는 일도 아닐 테고요. 미래를 알지 못하는 우리는 주어진 상황 속에서 최선의 선택을 하며 한 걸음씩 나아갈 수밖에 없어요. 그때 자신에게 말하는 겁니다. 나는 오늘 하루를 '충실히 살았다'고요. 내가 나를 믿어주고 수용해 줘야죠. 무엇 때문에 못 한 것이다, 어떤 이유가 있었다고 말할 수도 있어요. 그게 사실일 수도 있고요. 하지만 아까 말했듯 사실 나는 알고 있습니다. 정말 그 이유로 못 한 것인지 아닌지. 변명이나 탓을 하려 든다면, 그건 나를 믿어 주는 일을 한 것이라 볼 수 없겠네요.

본인을 믿어 주세요. 나의 오늘은 절대 작지 않다고 말하세요. SNS속 그 사람의 하루에서 나오세요. '나의 하루'를 보세요. 나도, 제대로 걸어가고 있어요.

별일 없는 하루

'성과 없는 하루는 잘못 보낸 하루라고 믿었다. 나는 오랫동안 성과주의자였다. 지금도 어느 정도는 그렇다.

과정 없는 결과란 존재하지 않는다. 그럼에도 결과를 받아 들면 자주 과정을 잊었다. 바라던 결과가 아니면 과정을 의미 없는 것으로 여겼다. 시험 공부를 해도 백 점을 맞지 못할 수 있다는 것을 이해하는 일은 여전히 때때로 어렵다.

별다른 일이 일어나지 않았어도 주어진 하루를 열심히 보냈다면 그날의 소임을 다한 것이다. 오늘 찾아온 바람과 햇빛, 달라진 공기, 길가의 들꽃을 발견하는 하루도 안 되는 일을 되게 만들려고 노력해 본 하루도 모두 아름답다.

살아가는 주체가 그 하루 속에서 기쁨을 느꼈다면 더할 나위 없다.'

버스 정류장에서 생각이 날아갈까 봐 급하게 적어둔 어느 날의 메모. 아마 별일 없는 하루여도 괜찮다고 말하고 싶었던 듯하다.

불안의 통로

말수가 부쩍 줄어드는 시기가 있다. 무의식중에 몸과 마음에 쌓인 스트레스가 행동을 작게, 말을 적게 한다. 무엇을 보고 들어도 시큰둥한 표정과 무반응만이 출력된다. 그 결과 아름다운 것을 보아도 감탄하지 않고 좋은 것을 먹어도 기뻐하지 않는다. 이런 변화는 서서히 드러나기도 하고, 누군가의 사소한 말 한마디로 시작되기도 한다. 마음이 기력을 잃었을 때 나타나는 초기 증세다.

2층 버스를 타고 작업실에서 집으로 돌아가던 어느 날, 불쑥 질문이 튀어 오른다. 불안은 인내하는 것일까.

왜 이런 질문이 떠올랐는지 되짚어 본다. 나는 내가 무언가를 인내하는 중이라고 생각된다. 정확히는 이 기운이 빠질 때까지 가만히 참는 중이라고 생각했는데, 그게 아니라 터져 나올까 봐 무서워서 최선을 다해 막고 있는 건 아닐지 의심된다. 그러니까 알 수 없는 불편한 기분이 지나갈 때까지 기다리고 있는 게 아니라, 절대로 튀어 오르지 못하게 내리누르고 있는 것 같다는 생각이 든다. 그 누구와 말하고 싶지도 무엇을 먹고 싶지도 않은 지난날들을 회상하니 후자가 맞다는 직감이 온몸을 강타한다. 오늘로 모든 것에 흥미를 잃은 지 일주일째이지만 이유 모를 스트레스는 하나도 해소되지 못했다. '그렇다면 어떻게 해야 하지.' 나는 쓰는 방법밖에 알지 못한다. 샤워를 마친 뒤 졸음이 내려앉은 눈꺼풀을 모른 척하고 밤 10시에 책상 앞에 앉아 노트를 폈다.

'나는 스트레스를 받고 있다.' 첫 문장이 완성됐다. '그리고 이것은 불안한 마음 때문인 것 같다. 하려는 모든 일이 막히고 무산되는 기분인데, 오랜만에 이대로 사라지고 싶다는 생각이 들었지만, 그런데도 나는 바보 같아서 이런 마음을 또 글로 풀고 있다. 글로 먹고살려는 일이 전부 막히는 것 같은 이 상황에서, 맘에 드는 구석 하나 없는 이 기분을 또 글로 남긴다. 그렇게 증폭된 불안을 나는 어떻게든 누르려고 애쓰는 중인 것 같다.' 순식간에 네 문장이 완성됐다. 더 쓸까 말까 망설인다. 여기서 더 쓰면 내가 가장 싫어하는, 나는 왜 이럴까 같은 종류의 말이 튀어나올 것 같다.

　　힘든데 힘들다고 말하기 싫을 때가 있다. 그 말을 몸 밖으로 꺼내는 순간 싫은 기분이 더 짙어질 것 같아 두렵다. 새하얀 도화지에 떨어진 작은 물방울이 순식간에 종이 얼룩을 만드는 것처럼, 사실은 견딜 만했는데 '힘들다'고 말해버림으로써 진짜 힘들어지는 건 아닐까 불안하다. 하지만 불안을 정말 눌러서 잠재울 수 있을까. 그럴 수 없다는 결정을 내렸기 때문에 노트를 펴고 펜을 들었을 것이다. 불안은 그렇게 해결할 수 없다. 해소되어야 할 것에게 해소될 기회를 주지 않고 또다시 버릇대로 통제하려 드는 나를 발견한다. 터져야 할 것을 터지게 하는 것이 순리다.

　　편치 않은 마음으로 살아가는 날들이 생각 이상으로 길어진다고 느낄 때, 불안의 통로가 되기를 선택한다. 제때 배수되지 못해 마음밭 전체를 적시게 만드는 대신, 깊고 넓은 통로를 만들어 지나가게 한다. 통로를 만들어야 하는 시기는 하루이틀을 보내도 알 수 없는 답답함이

좀처럼 해소되지 않을 때. 눈을 감고, 불안의 파도가 나를 통해 다른 곳으로 흘러가는 상상을 한다. 불안은 한 번에 쓸려 내려갈 수도 있고, 몸과 마음을 잠식시킬 수도 있고, 뭉툭한 가시가 되어 은근하게 속 이곳저곳을 찔러댈 수도 있다.

    결국 30분만 더 노트를 쓰기로 했다. 누가 훔쳐 읽고 싶어도 읽기 어려울 글씨체를 따라 불안이 한 줄씩 기록된다. 나는 졸린 눈을 일으키며 그 광경을 지켜본다. 천천히, 순서대로, 충분히 흐를 수 있도록 기다린다. 불안을 잘 배웅하면 작은 희망이 고개를 내밀며 안부한다. 모든 것이 걱정투성이라 아무것도 할 수 없을 것만 같다고 주저앉은 순간, 나에게 오늘이 있다고 말해 주는 마음의 목소리가 튀어나온다. 나는 그 소리를 듣고 사실은 이런 어둑한 기분으로 하루를 마무리하고 싶지 않다고 고백한다. '약한 나로 강하게.' 언젠가 들었던 찬송가의 제목처럼 나의 눈은 새로운 빛으로 빛난다. 조금 전까지의 나는 놀라울 정도로 약했으나, 불안을 털고 싶다고 고백하는 순간 누구보다 강해졌다. 무엇이든 나아질 수 있다고 되뇌이며 불안의 유속을 지켜본다.

불안이 아직 남아 있는지 다음 날 아침에 몸이 가뿐하지 않았다. 늦은 밤의 글쓰기 덕분에 까무룩 잘 수 있을 것으로 생각했지만 평소보다 20분을 더 뒤척이다 잠에 들었다. 그러다 문득 나의 재능이, 나의 결정이, 나라는 존재가 의심된다는 생각이 불쑥 솟아서 얼른 팔로 두 눈을 감췄다. 눈물이 나려고 하는 걸 보니 어제 터뜨린 불안이 제대로 잘 흐르고 있는 듯하다. 하나둘씩 통로를 지나가는 중일지도 모른다.

그대로 조금 더 누워 있다 몸을 일으켰다. 불안이 불안의 일을 하고 있는 것처럼 나도 오늘 할 수 있는 일을 찾아 하기로 했다. 평소처럼 아침 독서를 하고 일기 쓰는 일은 불안이 지나가는 중에도 충분히 할 수 있다.

입에 프로바이오틱스 가루를 털어 넣고 미지근한 물 한 잔을 마신 뒤 어제의 그 노트를 폈다. 밤새 떠내려가지 못한 불안의 잔재들에 기회를 주기 위해서다. 또다시 졸린 눈으로 한두 마디를 적기 시작했다. 그런데 어쩐지,

이 아침의 기록으로 감정적인 시간들이 서서히 마무리될 수 있을 것 같다는 직감이 피어난다.

　　불안한 하루는 누르지 않고, 통과해 나간다.

선언

세상은 끝까지 나를 부족한 사람으로 만든다.

나는 끝까지 나다운 하루를 보내며 응수할 것이다.

사소하게 따뜻함 더하기

옷장 겸 잡동사니 팬트리로 쓰는 공간 한쪽에 사은품으로 받은 티라이트가 있다. 공짜로 받아 기뻤지만 상태가 엉망이다. 커다란 비닐봉지에 마구잡이로 담았는지 초가 서로 뒤엉켰고, 왁스가 여러 번 녹았다가 굳은 듯한 흔적과 이 과정에서 떨어져 나온 왁스 알갱이들이 봉지 내부와 동그란 양철판 겉면에 들러붙어 있다. 초 두 개가 완벽하게 정면으로 달라붙어서 아예 쓰기 어려울 듯한 것들도 여러 개다. 이쯤 되면 그냥 성가신 재고 처리를 하고 싶었던 게 아닌가 싶다.

차가운 공기가 집 주변을 강하게 맴도는 날에는 초를 켠다. '초'라는 우리 단어와 '티라이트tealight'라는 영단어를 모두 좋아해서 커다란 단지에 든 양초에 불을 붙이는 대신 이 작고 귀여운 것을 찾는다. '초'에서 고독하지만 고고한 느낌이 들고, '티라이트'에서 그 의미처럼 아늑하고 포근한 분위기가 떠오른다. 특히 후자에서 차 한 모금만큼의 빛, 혹은 나를 안심시키는 차 한 잔의 힘을 상상한다. 내가 서 있는 이 작은 공간에 따뜻한 마법을 둘러 몸과 마음이 서늘해지지 않도록 도와주는 것만 같다. 지극히 개인적인 감상을 따라 봉지에 손을 넣어 초 하나를 꺼낸다.

    못난이 티라이트라도 홀더에 넣어 불을 붙이고 나면 원래의 모양은 아무 상관없어진다. 찌그러진 양철판은 고고한 홀더의 모습 속에 자취를 감춘다. 덕지덕지 묻어 있던 왁스 조각들은 불의 명령을 따라 서서히 자신을 태운다. 보호용 내열 유리막을 따라 미세한 연기가 피어나고, 황동색 캔들 홀더에 어울리는 불그스름한 빛을 보며 나는 은은하게 퍼져 나온 향기를 맡는다. 아, 냄새가 따뜻하다.

    폭신한 털 슬리퍼를 신고 거실로 나간다. 요즘처럼 한파가 기승을 부리는 시기에는 커피보다 달콤새큼한 유자차가 좋다. 전기 주전자에 물 한 컵 반을 부어 끓이는 사이, 자주 쓰는 머그잔에 얼마 전 구입한 꿀 유자차를 크게 두 스푼 덜어 낸다. 맛을 상상하니 왼쪽 턱 아래 어딘가에 침이 고인다. 섭씨 100도의 소리를 내며 끓어오른 물을 붓고 잠깐 기다린 다음, 조금 뜨거워진 머그잔을 조심스레 들어 올려 한입을 목으로 넘긴다. 좋아하는 맛이다. 일렁이는 촛불 그림자를 보며 아무 생각 없이 마시기에 딱 맞다.

추운 계절을 좋아하지만 모든 것을 사랑하는 것은 아니다. 자주 흐린 하늘과 매서운 바람, 금세 사라지는 태양… 이러한 것들에 움츠러든 어깨와 굳어진 표정은 아름답기보다 삶의 민낯을 닮았다. 우리는 자신을 의심할 때 가장 위태롭고 서글픈데, 나는 이때가 삶의 민낯을 입은 순간이라고 생각한다. 그래서 매서운 계절에 보여 주고 싶지 않은 얼굴을 하고, 하고 싶지 않은 말을 뱉어 버릴까 겁이 나기도 한다. 타인뿐 아니라 나에게도 모질까 봐 걱정이다. 추울 때나 더울 때나 나는 내가 활력을 소실하지 않길 바라므로 작은 따뜻함들을 곁에 둔다. 곧장 기분이 좋아지고 흥분이 솟아나는 것은 아닐지라도, 생각 이상으로 번듯한 하루를 보낼 수 있다.

3평 남짓한 공간을 빈번하게 돌보는 이유다. 침실이자 서재인 곳에 사소한 온기를 더한다. 따뜻한 공간이 좋다. 촛불, 주황빛 조명, 김이 나는 차 한잔을 거쳐 끝으로 전기장판 위로 올라간다. 이불 안에 들어가 숨을 길게 내쉰다. 다락방을 가져본 적은 없지만 그곳에서 안전한 기분을 만끽할 때처럼 긴장을 푼다. 서서히 몸의 바닥부터 뭉근한 기운이 올라온다. 나를 포근히 감싸주는 것들을 따라 하루를 따뜻하게 마무리한다.

잘하기 위해 애쓰는 하루

생업이 힘들어졌을 때 잘 안되는 일을 잘하려 애쓰지 말고 잘할 수 있는 것이나 이미 잘하는 것을 하면 된다는 말을 많이 들었다. 주어진 상황에서 할 수 있는 것부터 하나씩 해 나가는 것이 좋으니 그럴 것이다. 나 또한 그렇게 해야 한다고 생각했고, 이렇게 많이 조언하기도 했다. 그러나 반대로 고민을 터놓는 입장이 되어 비슷한 결의 이야기를 듣게 되자 조금 생각이 달라졌다. 정말로 지금 잘 안되면, 다른 일을 찾는 게 맞는가. 내게 있는 좋은 무기부터 휘두를 생각을 안 하는 것처럼 보이나… 몇 번 더 거듭해 들었더니 정말로 내가 잘못한 기분이 들었다. 나는 등잔 밑을 도무지 볼 줄 모르는 사람인지도 모른다.

대개 승산 없는 일에 매달리지 말고 할 수 있는 다른 일을 찾아 나서라고 말한다. 참으로 맞는 말이다. 비꼬

려는 마음도 서운한 마음도 전혀 없다, 정말로 맞는 말이기 때문에. 그런데도 그 말에 무릎을 치며 있는 힘껏 동의하기 어렵고, 완벽한 조언이란 걸 인정하면서도 앓던 이가 빠지는 기분이 들지 않으면 더 이상 고민을 털어놓지 않기로 했다. 애초에 물어볼 상대를 잘못 골랐다. 옳은 답변자를 찾아간다. 이제부터는 내가 나에게 질문한다.

　　　나는 나와 대화하는 하루가 좋다. 내가 무엇을 좋아하고 싫어하는지 알아가는 것이 재밌다. 나는 상상 이상으로 작은 것에 행복할 줄 알고, 커다란 문제에 정면으로 맞선다는 걸 직접 대화한 덕에 배웠다. 물론 나와 대화하는 하루가 힘겹기도 하다. 수십 번을 물어도 대답해주지 않거나, 다른 대답을 일삼곤 한다. 두 손을 붙들린 채 입을 꾹 닫은 어린 반항아처럼 오랜 시간을 앉아서 버틴다. 이 정도 살았으면 나를 다 아는 줄 알았는데, 여전히 모른다. 나라는 존재도 시간이 갈수록 달라지기 때문에 당연한 일이겠지만, 이렇게 답답하게 굴 땐 야속하다. 몇 번의 경험으로 내가 누구인지 완벽히 정의하는 일은 평생 일어나지 않을지도 모른다.

그래도 끊임없이 이야기를 나눈 끝에 알게 된 것들이 있다. 일이 잘되지 않는다고 해서 잘할 수 있는 것이나 이미 잘하는 것으로 곧장 마음을 바꾸지 않는다. 나는 매달린다. 아직 해볼 수 있는 것들을 가늠한다. 더 필요한 태도를 배우고, 기존의 접근법을 바꾸어야 할지 고민한다. 나의 언어로 상대를 사랑하겠다 고집하는 일은 겁박과 같으므로 그 일의 사랑의 언어를 다시 배워 나간다.

마음을 낮추고 가만히 생각한다. 나는 쓰는 일을 정말 좋아하는가. 글과 책이 나를 부르면 나는 속도 없이 그 옆에 가 앉는다. 바라보고, 보듬고, 매만지며 곁을 지킨다. 그런데 우리 사이는 현재 고비다. 조금 더 마음을 맞춰 나갈지, 서로의 앞길을 응원하는 사이로 남을지 아직은 알 수 없다. 사실, 이별까지 사랑할 준비가 안 됐다. 며칠 더 좋은 추억을 쌓고 싶다. 그렇구나. 글과 책이 나를 부르는 것이 아니라 내가 그것들을 부르나 보다. 먹고사는 문제로 우리 사이가 가장 좋지 않을 때 말고, 조금 더 나아졌을 때 헤어질 결심을 하고 싶다. 그래야 우리가 다시 만나는 순간 어려움 없이 웃을 수 있을 것이다.

　　고민의 늪에 서 있던 어느 날, 나를 다 알지 못하는 사람들에게서 연락을 받았다. 화요일에 있었던 일들을 모은 내 책을 읽고 많이 울었다고 했다. 또 응원하고 싶은 마음이 생겼고, 내게 잘하고 있다고 말해 주었다. 이 사람들이 나에 대해 무엇을 안다고 무조건적인 응원을 보내 주는 걸까. 나는 매일 그 사실을 믿지 않는데, 한 발짝 멀리 있는 사람들이 오히려 확신을 가지고 내게 말한다. '당신은 충분히 잘하고 있어요. 가능하면 또 다른 이야기도 들려주세요.' 그들의 연락에 가슴이 뜨거워지는 것을 느낀다. 어쩌면 내가 사랑하는 일도, 아직 내게 마음이 남은 건 아닐까.

　　앞의 고백을 다시 쓴다. 사랑하는 일이 나를 부른다. 글을 쓰고 책을 만드는 일도, 나를 찾고 있다. 홀로 구애 중인 게 아닐지도 모른다. 나는 이 길의 끝이 어떻게 마무리되는지 알지 못하므로. 희미하게 이해한 채 나아간다.

잘하기 위해 조금 더 애쓴다. 오늘도 책상에 앉아 책을 읽고 글을 쓴다. 괜찮은 하루다. 글 쓰고 책 만드는 우리 사이, 말아먹더라도 꼭 재미나게 말아먹자.

\<MENU\>

- ☐ 아침 책 읽기
- ☐ 우림이 집 데려다줌
- ☐ 301 청소하기
- ☐ 저녁 갔다 와서 독서

사랑이 아름다운 건
어딘가에 별을 감추고 있기 때문이야.

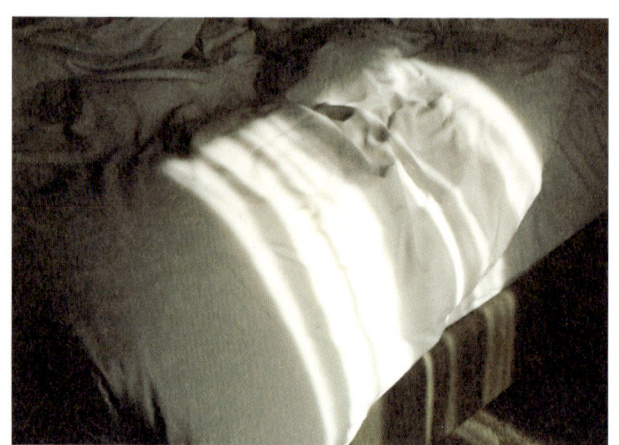

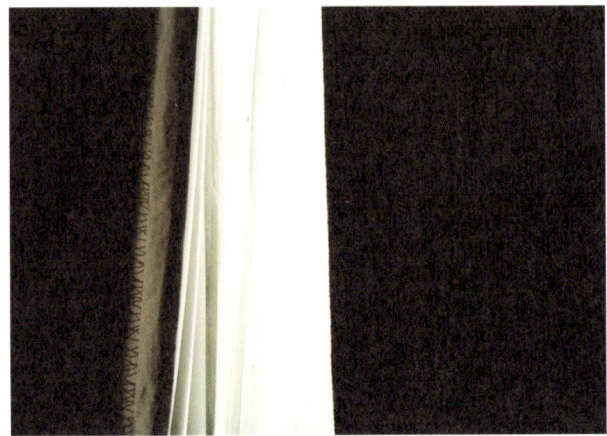

마음을 미루는 일

연락을 주고받는 일에서 '먼저'를 따지는 사람이 있었다. 자신이 연락하기 전까지 상대가 안부를 물어오는 법이 없어 서운하다고 했다. 나는, 너도 나한테 연락 먼저 안 하잖아 라고 하려다가 꾹 참았다.

그 사람의 일상에 내가 자주 등장하지 않는다는 사실을 이해하는 건 아프고 서운하다. 말만 안 했지 실은 내 생각을 하고 있었다고, 마음은 그렇지 않았다고 해도 그 생각은 그 사람 머리 밖으로 나오지 않았으니 나는 알 길이 없다. 게다가 아프고 서운한 마음이 드는 이유는 내가, 내 생각보다, 그 사람을 매우 좋아하기 때문일 것이다. 하지만 한 해가 갈수록 무소식이 희소식이라고 생각하며 사는 것이 익숙한 나도 누군가에게는 똑같이 무정한 사람일 테다. 차일피일 연락을 미루다가 상대방이 먼저 안부를 물어주면 낯부끄러울 때가 많다.

그러다 어느 책에서 구약에 등장하는 다윗과 압살롬 부자의 이야기를 읽었다. 압살롬은 가족 내 살인 및 보복 사건의 주인공으로 도피 생활을 하게 되었으나 3년 만에 겨우 아버지 다윗의 허락을 얻어 고향으로 돌아온다. 하지만 다윗은 아들과 재회의 시간을 갖지 않는다. 아들을 불러놓고선, 완전히 용서하는 마음을 주저한 것이다. 얼굴도 보지 않은 채 2년이란 시간이 흐른다. 책의 해설자는 다윗의 밋밋한 행동이 압살롬에게 회개할 수 있는 기회를 허락하지 않은 것이라고 설명했다. 마음을 미룬 결과, 아버지는 아들을 용서할 기회를, 아들은 잘못을 빌 기회를 놓쳐버렸다.

상대가 지금은 보기 싫으니까, 어색하니까, 늘 내가 먼저 다가가니까 등 여러 이유를 붙여 시도하지 않았던 마음들을 꺼내 보았다. 조금 더 알아가고 싶었지만 괜스레 물러섰던 수많은 발걸음이 생각났다. 상처받고 싶지 않고, 혼자 애를 쓰고 있다는 사실이 보이니까 남몰래 토라지기를 선택하기도 했다. 하지만 과거의 기억은 미화된다고, 마음을 미룬 어느 부자의 이야기를 듣고 나니 멀어진 이들과 지금이라도 다시 가까워질 수 있을지 고민한다. 그 사람의 이런 점이 좋다고 생각했던 부끄럽고 호기심 어린 마음도 다시 피어난다. 사랑할 수 있을 때 마음껏 사랑하라고 조언해 준 이의 목소리가 떠오른다. 함께할 수 있을 때 더 다가갈걸. 곁에 있을 때 더 잘 지낼걸. 근처를 지날 때 밥 한 끼 하자고 거절당하더라도 물어볼걸. 지나가 버린 시간과 희미해진 관계가 아쉽다. 한 번만 더 얘기하고, 만날 순 없을까. 그러나 호기롭게 문자 메시지 창을 켰다가 이내 닫아 버렸다. 안녕하냐는 안부에 덧붙일 말들이 도무지 갈무리되지 않아서다.

하루하루가 지날수록 후회를 남기고 싶지 않다. 지금이 돌아오지 않는다는 것을 더욱 깊이 이해하게 되었다. 하지만 어영부영하다 이미 좋은 사람들을 많이 잃은 것은 아닐까. 각종 오해와 속상함으로 마무리된 관계부터 이런저런 핑계로 만남을 미뤘다가 소원해진 사람, 서로 눈치만 보다 상관없는 사이로 돌아선 이들까지 잠깐 추억해 본다. 마음은 그렇지 않았어요, 라는 말은 한 번이라도 마음을 꺼냈을 때 전달되는 것이겠지만, 오늘은 남몰래 좋은 기억을 만들어 주었던 사람들의 이름과 얼굴을 떠올리며 보이지 않을 진심을 고백한다. 시절 인연이라 생각하며 흘려보낸 이들도 조심스레 보듬어 본다. 용기를 앞세웠다가도 결국 주춤해 버린 나는 어떤 곳에서 나는 다윗일 거고, 어떤 곳에서는 압살롬일 것이다.

실수는 줄여 나가면 된다고 말해 주었던 다정한 옛 인연의 충고를 떠올리며, 앞으로의 삶에서 빈번하게 마음을 미루지 말자고 다짐한다.

물 마실 때 목이 안 아파서 행복

감기에 걸리고 말았다.

지인에게 나는 감기에 잘 걸리지 않는 편이라 몇 년째 독감 예방 주사를 맞지 않아도 멀쩡하다고 말한 것이 불과 일주일 전이었다. 평소처럼 일에 집중하고 있던 어느 날, 편도선을 타고 올라온 날카로운 감각에 무언가가 틀어진 것을 느꼈다. 주변에 얘기했더니, 그 틀어짐을 느꼈다면 이미 늦었다고 했다.

잠들기 전 전기장판을 조금 더 높은 온도로 설정하고 몸이 좋지 않을 때마다 복용하는 레몬 맛 감기약을 따뜻하게 마셨다. 다음 날 아침, 놀랍게도 몸에는 아무런 변화가 없었고, 도리어 더 아픈 것 같았다. 살짝 심각해져서 점심에는 종합감기약 두 알을 식사 30분 후 복용했고 밤에는 전날처럼 뜨끈한 전기장판 위로 올라가 똑같은 레몬 맛 감기약을 마시고 잠을 청했다. 새벽에 거짓말처럼 오한이 찾아왔다.

새해가 시작되고 얼마 되지 않았던 때라 감기에 걸린 것이 달갑지 않았다. 아픈 것을 반가워할 이가 얼마나 있을까 싶지만 맥을 못 추는 몸 상태에 화가 났다. 작년과 같은 삶을 살지 않으려고 새해의 할 일 목록을 빼곡히 적어 둔 참인데. 이것들을 제대로 해내려면 콧물이 흐르고 시도 때도 없이 콜록 대는 몸 같은 건 도움이 되지 않는다. '생각대로 움직여 주지도 않는 무겁고 불편한 짐 덩어리 같으니.' 나는 홧김에 내 몸에 대한 정의를 새로 썼다. 내가 지금 원하는 건 이런 게 아니었다.

세상 모든 일이 내 맘 같다면 얼마나 좋을까. 결국 전례 없던 감기에 굴복했다. 아침에 꼬박꼬박 마시던 커피를 내려놓고 병원에서 돌아오는 길에 산 꿀 레몬차 단지를 열었다. 아빠숟가락으로 두 번, 레몬청을 머그잔에 퍼 넣은 뒤 펄펄 끓어오른 주전자 물을 부었다. 호로록 마시다 입속으로 레몬 조각이 쓸려 들어오면 기꺼이 영약처럼 씹어 먹었다. 과육이 생각보다 시지 않고 먹을 만하다는 걸 배웠다. 처방 약을 먹는 동안 맵거나 짠 음식은 금지. 가볍게라도 꼭 스트레칭을 했고, 낮잠을 잤어도 졸음이 몰려오면 시간 상관하지 않고 침대에 누웠다. 약속은 모두 취소. 반드시 처리해야 하는 일이 아니라면 절대 미리 하지 않았다. 그렇게 열흘을 보냈다. 종합 감기 때문에 찾아온 몸살 기운, 편두통, 기침, 콧물과 함께 사는 일은 정말로 많은 인내심을 요구했다.

건강은 몸이 아파야만 우선순위가 된다. 건강하면 몸을 돌보는 일보다 우선해야 할 게 너무 많다. 좀 이상하지 않나. 왜 아픈 것이 낫자마자 살아가는 방식이 순식간에 달라지고 마는 걸까? 그저 무탈하고 건강만 하라는 덕담은 새빨간 거짓말이라고도 종종 생각했다. 돈은 얼마 벌고 있는지, 대출이 나올 만큼 안정적인 상황에 있는지, 그렇지 않다면 대책은 무엇이고 앞으로의 미래 계획은 무엇인지, 과연 네가 너의 나이를 생각하고 부모의 나이를 고려하며 하루를 살고 있는지…… 사는 일이 참으로 하나의 문제여서 차라리 아팠으면 좋겠다고 생각한다고 상담실에 가서 읍소한 적이 있다. 그러면 아무도 내 삶을 멋대로 기대하지 않겠지. 나도 무언가를 해 줘야 한다고 생각할 필요도 없겠지. 그저 그 이상 아프지 말고 할 수 있는 것을 하며 잘 지내기를 바라 줄 거라고 생각했다. 그런데, 누가 내 삶에 마음대로 기대를 걸고 있지. 혹시 그 사람이 나는 아닌가.

    열한 번째 날 아침, 드디어 무언가가 달라졌다. 비몽사몽한 상태에서도 목의 상태가 이전과 다르다는 걸, 아직 침을 삼키지 않아도 목구멍부터 편도로 이어지는 길목이 촉촉하다는 것을 알 수 있었다. '아물었구나.' 얼마나 기쁜지, 침대에 누워 눈도 뜨지 않은 채 하늘을 나는 상상을 했다. 오늘의 행복은 이것으로 충분하다고 기도하고, 또 감사하다고 수십 번 인사한 뒤 조심스레 침을 넘겼다. 목이 찢어질 만큼 아프지 않았다. 감격한 나머지 벌떡 일어나 가벼운 눈물 두 방울을 양옆으로 흐르기 전에 훔쳤다. 의심 많은 나는 한 번 더 확인 절차를 거치기 위해 거실로 나가서 미지근한 물 한 모금을 꼴깍 마셨다. 와, 목 넘김이 부드럽다. 이제 정말로 아프지 않았다. 물 마실 때 목이 아프지 않으면, 행복하구나!

그 이후론 열흘간 기침에 시달렸다. 아픔이 사라진 대신 목 어딘가를 타고 올라오는 간질간질한 그 느낌을 참기가 어려워 작업실에도 가지 못하고 꼼짝없이 집에서 일했다. 잦은 기침 때문에 목과 머리가 아프면 곧장 누워 쉬기도 했다. 정말로 몸이 아프니까 아.무.것.도 할 수 없었다. 부디 나를 낫게 해달라는 겸손한 마음으로 혹시 몰라 남겨 둔 병원 약을 털어 넣으며 생각했다. 물 마시는 일이 더 이상 아프지 않은 하루를 매일 바라야겠다고. 물론 이런 소망 따위 상상 이상으로 자주 잊게 되겠지만 말이다.

몸 안에 존재하는 날카로운 감각이 뭉툭해진 것을 아는 것만으로도 삶이 달라진다. 아픔은 담금질의 시간을 거쳐 둥글어진다. 깎이는 것을 견뎌야 하는 불쾌한 시기를 지나면 매끈해진 나를 만날 수 있다. 그때 비로소 말하게 된다. 둥근 것은 좋은 거구나, 하고. 또다시 차가운 계절을 맞이하는 시기에 그때의 하루들을 기억한다. 둥글어지기 위해 충분히 먹고 자며, 완벽히 나에게 도움이 되는 것만 선택했던, 겸손히 아픔을 인정하고, 내려놓고, 기다렸던 날들. 나는 나아가기 위해 반드시 멈춰야 했을 것이다.

탄산수를 벌컥 마셔도 아프지 않은 이 순간, 지난했던 그때를 생각하며 하늘을 보고 외친다.

물 마실 때 목이 안 아파서 행복!

아름다운 것을 좋아할 줄 아는 마음

오래도록 흐리멍덩했던 잿빛 하늘을 뚫고 햇빛이 드러났다. 창문을 열어 보니 간만에 바람도 잔다. 빠르게 옷을 갈아입고 현관문을 연다. 발이 시리면 안 되니까 몇 달째 매일 신고 있는 발목 높이의 어그 부츠를 또다시 신기로 한다. 이 외출의 목적은 운동이 아니라 느긋하게 걷기다.

얼굴 피부 위로 따스함이 느껴져 과감히 모자와 마스크를 벗는다. 이 순간 나는 햇빛 줄기가 내 안 깊숙이 침투하기를 원한다(산책을 사랑하는 그 마음 따라!). 이 순간만큼은 태양에게 모든 걸 내주고 싶다. 나는 이 온도와 빛깔과 질감과 무게를 간절히 기다려왔다. 콧속으로 차가운 공기가 밀려들지만 피부에 닿는 햇빛과 차가움의 조화가 좋으니 춥다는 생각이 들지 않는다. 다시 마스크를 썼더니 그새 표면에 온도 차이로 생긴 작은 물방울이 맺혔다. 그냥 다시 벗기로 하고, 대신 흘러내리는 콧물을 부지런히 훔치기로 결심한다.

가슴에서 혼잣말이 끓어오른다. 아, 좋다. 그런데 뭐가 좋지? 얘기할 사람도 없이 혼자 걷고 있는데. 기분 좋은 모습을 보이는 게 왠지 쑥스러워 마스크까지 챙겨 나왔으면서. 손잡을 맞잡고 걷는 이들에게 부러운 시선을 멈추지 못하면서. 뭐가 좋아?

그냥, 그냥 지금이. 이 햇빛을 좋아하고 바람을 반가워하고, 살짝 달아오른 몸과 배어 나오는 땀이 좋아. 이 순수한 것들을 좋아하고 있는 내가 좋아. 좋은 것을 보고 '좋다'고 느낄 수 있는 내가, 그럴 힘이 있는 내가, 좋아하는 것을 좋아하는 내가 좋아. 아름다운 것을 보고도 좋아하지 못할 때가 많은데 사소한 풍경을 놓치지 않고 있는 지금이 좋아.

집안에 들어서니 적당히 덥힌 몸 때문인지 이마와 콧잔등에서 땀이 솟는다. 움직인 김에 더 움직이기로 하고 세정 티슈를 뽑아 눈에 띄는 몇 곳을 문지른다. 협탁, 화장대, 책상, 책상 바닥까지. 까맣고 뽀얀 먼지가 치곡차곡 모이면서 허공으로 흩어진다. 창문을 열고 햇빛이 알려주는 청소 포인트를 찾아간다. 겨우내 자리를 차지하고 있던 박스를 왼쪽에서 오른쪽으로 옮긴다. 다시 세정 티슈로 박스 자리에 쌓여 있던 먼지를 훔친다. 10분 만에 방 한쪽이 깨끗해졌다. 분기마다 대청소를 하려다가 지친 적이 한두 번이 아닌데, 이렇게 조금씩 자주 닦아만 준다면 크게 무리하지 않고 새 계절을 맞이할 수 있을 것 같다. 좋아하는 셔츠를 걸칠 때가 오기를 기쁘게 기다릴 수 있을지도 모른다.

그래, 따듯한 날들이 오기를 기다리며 하루를 보내는 일도 무척 즐거울 것이다. 주어진 것을 온전하게 누리는 동시에 다가올 새 날을 기대하는 것이니까. 이렇게 작은 설렘을 자주 간직할 수 있다면 좋겠다. 설렘이라고 하니, 펜팔 친구에게 쓴 편지가 잘 도착했을지, 친구의 답장에는 어떤 재밌는 얘기가 실려 있을지 궁금해하던 때가 생각난다. 시답잖은 고민에도 귀를 기울여 주고 두둑한 응원의 말을 실어 주었던 그 친구는 잘 지낼까. 그 시절의 마음은 신기할 정도로 순도가 높다. 오늘 나의 하루도 그때처럼 때 묻지 않은 채로 흘러가고 있다는 생각에 조금 우쭐해진다. '자화자찬이라도 좋아. 내 마음에 드는 꽤 근사한 하루니까.'

　　순수한 것을 좋아할 줄 아는 마음을 따라 오늘을 보낸다.

우리는 하루와 공들여 이별한다

으레 해외여행을 준비할 때 목적지를 선정하고 나면 며칠 몇 시의 비행기를 타고 갈지 고민한다. 대개 적당한 아침 시간의 것이 인기가 많다. 새벽 다섯 시나 여섯 시 비행기는 저렴한 대신 거의 밤을 새운 채 공항에 나가야 하므로 몸에 부담이 크고, 아침 여덟 시나 아홉 시의 것은 여전히 피곤하긴 해도 가까운 여행지라면 시간을 최대로 활용할 수 있기 때문에 수요가 높(은 것 같)다. 나도 아침 비행기를 타는 쪽을 선호했었지만, 언제부턴가 혼자 여행을 갈 때는 오후 비행기를 선택하게 되었다. 이 애매한 출발 시간은 아침 루틴을 어느 정도 실천한 뒤 간단히 요기하고, 빠진 물건은 없는지 한 번 더 살펴본 다음에 버스 정류장으로 향할 수 있어서 분주한 마음이 덜해 이상적이다. 하늘 위에서 늦은 점심을 먹고 낯선 육지에서 색다른 저녁으로 하루를 마무리할 수 있으니 오후 비행기를 타고 여행

하는 일도 꽤 매력적이다. 그래서 이번에 도쿄로 떠날 때는 기꺼이 오후 12시 40분 비행기를 타기로 했다.

11월의 일본 여행을 마치고 한국으로 돌아가는 비행기의 출발 시간은 오후 4시 40분. 귀국편도 오후로 잡았다. 덕분에 아침부터 부지런히 움직여 조식을 먹은 뒤 미술관 한 곳을 다녀오고, 기념품점에 들렀다가 든든한 카레덮밥까지 한 번 더 먹을 수 있었다. 몰려오는 나른함을 참으며 나리타 공항에 도착하니 해가 조금씩 붉게 변하기 시작했다. 아침부터 늦은 오후를 도쿄에서, 늦은 오후부터 밤을 한국에서 보내는 특별한 하루도 서서히 끝을 향하고 있었다.

저녁 어스름한 때의 귀국 비행기를 타고 돌아오는 일은 꽤 낭만적이었다. 내가 올라갈 수 있는 가장 높은 곳에서 해가 지는 모습을 끝까지 바라볼 일이 얼마나 있을까. 이륙 준비를 마친 비행기가 천천히 지상으로 올라가기 시작했고, 창밖으로 깊게 늘어져 있던 노을과 나의 눈높이가 같아졌다. 청아했던 색채가 다채롭고 장엄하게 빛났다. 겨울의 해는 빨리 져 버리니까, 금방 불타버릴 노을

이 아쉬워 최대한 눈에 담아두자고 생각했는데, 기내식이 나오고, 한 번 더 풍경을 사진으로 찍고, 마지막 한 숟가락을 먹으면서 TV프로그램을 볼 동안에도 이상하게 빛은 사라지지 않았다. 이제껏 본 풍경과는 무언가가 다르다는 느낌에 작게 잘린 구운 연어 한 입을 먹고 시선을 창밖으로 돌렸다.

늘 해가 빨리 진다고 생각했는데 새로운 장소에서 본 일몰은 그렇지 않았다. 해가 진다는 것은 하루가 끝나감을 의미하고, 하루가 끝났다는 것은 내게 오늘은 밥값을 했는지, 내일은 할 수 있을 것 같은지, 목표를 향해 한 걸음 다가갔는지 아닌지 등을 묻는 물음으로 이어지곤 한다. 그런데 이 일몰은 무언가 다르다. 평소의 초겨울 같지 않게 해는 매우 길었고, 아주 천천히, 가장 깊은 색을 내며 짙어질 뿐이었다. 태양은 서두르지 않아도 확실하게 우리 사이의 거리를 벌렸고, 벌어진 간극의 바닥은 남색과 회색 같은 빛깔이, 그 위는 노르스름한 주황과 어두운 보랏빛이 채웠다. 그날의 일몰은 내게 그 어떤 물음도 주지 않았고, 사라지는 대신 그저 멀어지고 있었다.

생경한 모습 앞에서 내가 토해낸 반응은 '아름답다'였다. 어쩌면 나에게만 익숙하지 않은 풍경이라 생경하다는 감상도 실은 어긋난 것일지도 모른다. 하지만 나는 그 감각이 좋았고, 이런 멋진 풍경이 내게 찾아온 이유를 궁금해했다. 흘러가는 매일에서 큰 감격을 얻지 못하는 내게, 하루는 그렇게 쉽게 끝나는 것이 아니라고 말하고 싶은 걸까, 아니면 어떤 일도 진짜로 끝날 때까진 끝이 아니라고 말하고 싶은 걸까. 작은 타원형 만큼의 창밖을 보며 가만히 마음에 떠오르는 이야기를 기다렸다. 동시에 이번 여행지에서 보냈던 꼼꼼한 하루들을 되돌아보기 시작했다.

주어진 상황 속에서 최선의 선택을 하고, 그것들이 주는 결과에 자족했던 시간들이었다. 너무나 익숙한 곳일지라도 몇 번이고 기뻐하며 새로워했고, 큰 소리로 잘 먹었다고 인사하며, 기꺼이 시간을 내어 준 친구들에게 고맙다는 말을 아끼지 않았다. 이런 하루는 그동안 매일을 마무리하며 스스로에게 질문했던 '밥값의 여부'와 거리가 멀었다. 또 우리와 하루가 천천히 멀어지는 것이라면, 쫓기듯이 걷지 말고 여유 있는 보속을 유지해도 괜찮을 것이다. 다정한 의도를 지닌 말은 삼키지 말고 하루가 끝나기 전에 기꺼이 꺼낼 수 있을 것이다. 우리는 하루와 오랜 기간을 들여 작별하는지도 모른다. 하루는 우리 곁에 머물렀다 휙 떠나버리는 것이 아닌가 보다. 할 수 있는 일을 하고, 마음을 전하기에 전혀 모자란 시간이 아니다.

내 맘대로 단정지었던 하루들이 실은 하나의 선을 그리기 위해 존재하는 무수한 점들이라면, 이미 지나간 하루들과 전혀 이별하지 않은 상태일지도 모른다. 실패로 규정했던 날들, 서러움으로 칠해진 순간들이 커다란 캔버스에 꼭 필요한 존재였을 거라고 믿고 싶어진다. 오랜만에 앉은 비행기 창가 자리에서 하나로 정리되지 않는 여러 생각들이 마구마구 떠오르기 시작했다. 당장 눈을 붙이고 싶었으나, 특이한 일몰이 주는 감상이 소중해서 늘 가지고 다니는 작은 메모장에 펜을 들고 정제되지 않은 마음을 적었다.

'무척 높은 곳에서 보아서 그럴까 해가 오래진다
어스름히

은은히

아주 조금씩

매우 천천히

서서히 색을 줄여 나간다

해는 빨리 지지 않고 오래 지는 거구나

눈치 채기 어렵게

아주아주 조금씩

밤을 불러온다

밤을 준비한다

사라진 것이 아니고

보이지 않았을 뿐.'

심지어 태양은 언제나 같은 자리에 머무른다. 나는 이 사실을 생각 이상으로 자주 잊는다. 그 색채와 밝기가 달라 잠시 보이지 않을 뿐임을, 하늘의 한가운데에서 다시 배운다.

EPILOGUE
하루를 지키는 일에 무슨 의미가 있을까

일상의 지루함을 잘 견디지 못하는 편이다.

모두가 평소처럼 흘러가는 하루를 아무렇지 않게 살아내는 걸 보면서 여러 번 자문했다. 왜 나는 무던하지 못한가. 나도 나를 다 알지 못하기에 그다지 도움이 되는 질문은 아니었다.

내가 모르는 곳에서 다양한 일들이 일어난다는 사실을 인지하고 있지만, 이곳에 기록된 하루들을 보내고 있던 지난 몇 개월 동안에는 그 사실이 유독 피부에 와 닿았다. 근현대사 교과서에서나 읽었던 사건이, 비행기 한 대가 완벽히 눈앞에서 없어지는 일이, 낯선 객실에서 잠을 청했다가 까맣게 작별을 고하는 아픔이 일어나는 걸 보며 나는 다시 자문했다. 이 세상이 나를 중심으로 돌지도 않고 내가 부러워했던 타인을 중심으로 돌지도 않는다.

나는 어디에 기대어 삶의 의미를 찾아야 할까? 내가 이곳에 살며 할 수 있는 것은 무엇인가?

하루를 지키려는 노력. 우습게도 내가 마주한 결론은 한 사람의 작디 작은 수고였다. 내가 하루를 지키려 한들, 누군가의 손에 무참히 구겨지면 그만인데 이 노력에 과연 의미가 있을까. 기분 좋게 집을 나서도 처음 보는 사람에게 얼굴을 맞으면 쉽게 망가지는 것이 나의 하루다. 그러나 기분 좋게 나설 수 없는 상황에서도(당장의 현실만 생각해도 그렇다), 주어진 오늘을 기쁘게 살아가자고 다짐했던 순간의 결심까지 모른 척할 수는 없다. 가방을 메고 신발을 신고 마침내 현관문을 열었을 때의 그 작은 마음을 중요하게 여길 것이다. 세상은 왜 이런 내 마음을 알아주지 않는가 하는 생각은 나를 심연으로 더 깊게 끌어들인다. 사실 세상이 나를 도와야 할 이유는 없다. 세상은 세상이고, 나는 나로서 살아갈 뿐이다. 일의 결과는 하늘에 맡기고 지금 할 수 있는 눈앞의 한 가지에 집중한다. 무엇보다 이제 나는 안다. 망가진 하루에도 나의 노력이 포함됐다는 사실을.

내가 보내는 나날들을 한 걸음 떨어져서 바라보기 시작했더니, '인생을 살아간다는 건 끊임없이 쌓이는 먼지를 닦아내는 일'이라던 소설(『고래』(천명관, 문학동네) 속 말에 수긍할 수 있었다. 그래서 여전히 믿음으로 사는 삶에는 의미가 있다는 말을, 결국 붙잡기로 했다.

우리의 하루는 각자를 닮았다. 같은 집에 있어도 정재이 씨는 정재이 씨다운 하루를, 김숙열 씨는 김숙열 씨다운 하루를 보낸다. 절대로 타인의 하루를 흉내 낼 수 없다. 정재이 버전의 김숙열 같은 하루는 있을 수 있어도 정재이가 완벽한 김숙열의 하루를 보낼 수 없다는 뜻이다. 그렇기에 내가 믿을 수 있는 건, 정재이를 닮은 하루를 지켜가는 일뿐. 그 일에 성공했는가 실패했는가는 각자가 만든 자기만의 사전에 따라 여부를 가리게 될 것이다.

어두운 날에는 초를 켜고, 서랍 깊숙이 잠들어 있던 검정 가디건을 새 옷처럼 입고, 매일 마시던 커피를 하루쯤은 홍차로 바꾸었다. 나는 이 모든 선택이 잘 지내고 싶은 마음에서 비롯되었다고 생각한다. 한때 상담실에서 울며 부르짖었던, '잘 사는 일'(『내가 사랑한 화요일』(정재이,

정재이프레스)과는 달랐다. 그것은 비로소 하루를 충실하게 살기 시작했다는 감각이자, 내 안에 깊이 새겨져 있던 '살아가는 것'의 의미가 달라졌다는 직감이었다. 나름의 시간과 경험을 거쳐 마침내 내 사전의 어떤 의미가 개정된 것이다.

모두가 자신을 닮은 하루를 발견해 나갔으면 한다. 내가 다양한 감정과 상황에 좌지우지되는 것이 싫다고 하자 나의 지인은 자기만의 충족감fulfillment을 찾아야 한다고 말해 주었다. 희미하게 알 것 같은 그 감각을 나는 계속해서 찾아나갈 것이다. 나다운 하루를 지켜가는 여정을 이어가겠다고 내 입으로 시인했을 때 느꼈던, 바로 그 기분이, 충족감이 아닐까 하는 마음이 있기 때문이다.

누군가에게 타인일 수밖에 없는 나의 하루를 모았지만, 당신다운 하루를 지켜가는 일에 보탬이 되었으면.

나다운 하루를 지켜가는 일

초판 1쇄 발행	2025년 6월 16일
글/사진	정재이
디자인	정재이
펴낸이	정승연
펴낸곳	정재이프레스
주소	서울시 마포구 신촌로2길 19, 마포출판문화진흥센터 2층
홈페이지	jaeijeung.com/jjaeipress
이메일	j.jaeiofficial@gmail.com
인스타그램	@j.jaeipress
ISBN	979-11-982618-8-5(02810)

Little story, Big significance

©정재이(정승연), 2025

이 책은 저작권법에 따라 보호를 받는 저작물이므로 무단 전재와 무단 복제를 금합니다.
이 책의 전부 또는 일부를 이용하려면 반드시 저자와 출판사의 동의를 받아야 합니다.